Cécile

ou

Les Passions.

TOME TROISIÈME.

Paris.

CHEZ L'ÉDITEUR,

RUE GARENCIÈRE, N. 4.

CÉCILE

OU

LES PASSIONS.

IMPRIMERIE DE J. TASTU,
RUE DE VAUGIRARD, N. 36.

CÉCILE

OU

LES PASSIONS

PAR M. E. JOUY

DE L'ACADÉMIE FRANÇAISE.

*

Je condamne les alliances entre parents ez degrez défendus ; par cette raison, parmi les aultres, qu'il y a dangier que l'amour surchargé de l'affection qu'on doibt à la parentèle, n'emporte hors les barrières de la raison.

MONTAIGNE.

*

Tome Troisième.

PARIS

CHEZ L'ÉDITEUR,

RUE GARENCIÈRE, N. 4.

*

1827

CÉCILE

OU

LES PASSIONS.

LETTRE L.

MADAME DE NEUVILLE A MADAME DE CLÉNORD.

Paris, octobre 1786.

L'HOMME, et qui plus est la femme propose, et Dieu dispose; mes malles étaient faites, les chevaux étaient à la chaise de poste; je croyais coucher ce soir à Orléans, et demain t'embrasser à Beauvoir, et voilà qu'un incident imprévu me retient à Paris, je ne sais pour combien de temps encore. Je laisse au chevalier Charles le soin de me justifier auprès de toi; pour le moment, je me contente de te dire qu'il a jugé lui-même mon séjour à Paris indispensable; si tu ne sentais pas tout le poids de ma justification, je serais obligée de t'avouer que tes vœux et ceux d'Anatole sont en partie exaucés, et que le goût de la philosophie m'a fait presque perdre celui du veuvage : mais c'est encore un texte dont un autre s'est réservé le commentaire.

Comme cet autre est en voiture, et qu'il attend ma lettre pour partir, je ne te dirai pas tout le plaisir que m'a fait la tienne; je ne te dirai pas tout le chagrin que j'éprouve à me voir contrainte de différer encore notre réunion après laquelle j'aspire depuis six mois; tout cela d'ailleurs s'explique de soi-même.

Je voudrais bien que tu fusses assez généreuse pour me céder Anatole pendant quelques jours; mais, comme je te crois un peu égoïste en amitié, c'est une commission dont je charge spécialement Cécile, afin de mettre son désintéressement à l'épreuve.

Le postillon fait claquer bien haut son fouet, pour m'avertir qu'il s'impatiente : le pauvre Charles, les yeux fixés sur le balcon de la chambre où je suis, éprouve toutes les angoisses d'une attente pénible; il est temps de finir son supplice et le mien; je vous embrasse tous, la larme à l'œil.

LETTRE LI.

PAULINE A CÉCILE.

Beaugency, octobre 1786.

Il est des pressentimens qui ne trompent jamais : avant d'ouvrir ta lettre, j'en connaissais le contenu.... j'en aurais dicté chaque ligne, excepté celle où *tu renonces à mon amitié*.... Y renoncer !.... je t'en défie.... et pourquoi Cécile me punirait-elle de sa faute? pourquoi l'amour me priverait-il du plus cher, du plus saint de mes droits ; celui de consoler mon amie malheureuse? Tu auras beau m'exagérer tes torts, appeler crime ce que je nomme fatalité; je ne t'en aimerai pas moins, et grâce à la tournure de mon cœur et de mon esprit, peut-être même t'en aimerai-je davantage. Veux-tu savoir à quoi se borne ton forfait à mes yeux? à mettre ma prévoyance en défaut de quelques mois. J'étais sûre que Cécile appartiendrait un jour à Anatole, et j'avais pris mes arrangemens d'avance pour l'aimer dans cette terrible supposition.

Ce n'est pas sur ce ton, il est vrai, que je te parlais dans ma dernière lettre; mais il s'agissait alors de t'effrayer sur le danger de ta chute; te voilà tombée, je n'ai plus rien à faire qu'à te tendre la main.

Je ne suis plus un enfant, Cécile;

je raisonne comme une autre, mieux qu'une autre, et surtout mieux que toi, dont la raison est toujours dans le cœur; or, je soutiens que, si comme le dit mon confesseur, on n'est pas innocente pour ne pas oser commettre la faute que l'on médite, on ne peut être coupable pour avoir commis celle que l'on a fait tout son possible pour éviter; et qu'à nous juger toutes deux sur ce principe, la plus vertueuse des deux pourrait fort bien encore être cette Cécile si criminelle à ses propres yeux....

Juge de ma surprise; c'est Anatole qui vient de m'interrompre; jeter un cri, renverser ma chaise, et lui sauter au cou en fondant en larmes, tout cela dans un moment et en présence d'Albert qui ne savait trop qu'en penser. Mais le messager va partir; je suis obligée de fermer ma lettre avant d'avoir pu trouver l'occasion de causer seule avec le cher oncle; mais je devine et j'approuve le motif qui l'engage à quitter Beauvoir, au moment où M. de Clénord arrive; son coup-d'œil tendre, humilié, caressant, m'annonce qu'il est instruit que je suis au fait; tant mieux pour tous les deux; nous parlerons sans contrainte; nos cœurs en ont un égal besoin.

LETTRE LII.

ANATOLE A CÉCILE.

Beaugency, octobre 1786.

Comment ai-je fait pour m'éloigner de toi? où mon ame a-t-elle trouvé des forces pour m'arracher des lieux où respire Cécile? J'ai pu mettre entre nous un espace que le son de ta voix ne peut franchir, que mes regards ne peuvent traverser, et dans quel moment encore m'as tu contraint à un pareil sacrifice! quand ta présence est devenue le seul besoin de ma vie et de la tienne, quand la mort auprès de toi me serait cent fois plus douce que l'éternité du bonheur céleste; non, ma Cécile, aucune puissance humaine n'aurait pu m'arracher d'auprès de toi; tu m'as dit : *Anatole, je le veux*, et je suis parti; et me voici seul, isolé, triste, inquiet; le même toit ne nous réunit plus; ce n'est plus le même air que nous respirons; les yeux de Cécile ne se sont point arrêtés sur les objets qui m'environnent, et j'y cherche en vain la trace de tes regards.

Je veux distraire ma douleur en songeant que je me trouve auprès de ta jeune amie, que je pourrai parler de Cécile avec elle.... de Cécile, nom magique! il retentit à mon oreille, il remplit tout mon être, il me fait tressaillir; je ne puis sans trembler en tracer les caractères; et mes yeux, quand je les relis, se remplissent de larmes brûlantes; un poids insupportable pèse sur mon cœur accablé de mélancolie et d'amour.... mais je suis auprès de ton amie, et mes soupirs pourront s'exhaler en sa présence....

J'entends minuit sonner. Hier! hier! Cécile! éternité d'un instant! passé, présent, avenir, le temps tout entier est concentré sur un seul moment de ma vie! hier à cette heure elle était sur mon sein; je la tenais pressée contre mon cœur.... Image d'un bonheur sans mesure, embrase de nouveau mon ame trop faible pour la félicité suprême, mais ne consume pas mes forces: Cécile est à moi; elle m'appartient à jamais, devant les hommes, devant Dieu; nulle puissance humaine ne saurait ni anéantir cette vérité, ni briser ce lien impérissable comme l'amour qui le forma.

L'avenir qui me menace, je l'interroge sans crainte; je souris aux persécutions et je défie le sort de me réserver assez de malheurs pour compenser cette félicité sans bornes qui m'élève au-dessus de la destinée même. Cette fermeté, je ne l'aurais pas, ma bien-aimée, si je ne l'avais trouvée dans ton propre cœur, inépuisable source de sentimens délicieux; souviens-toi de tes paroles quand nous nous quittâmes hier : « C'est en vain que j'ai le senti-
» ment des malheurs qu'une passion
» fatale appelle sur ma tête; je sens
» qu'il n'est point d'infortune au monde
» pour quiconque est aimé comme Cé-
» cile; et si je brave le péril qui te

» menace, juge de quel œil je vois le
» danger qui m'environne. »

Je n'ai pu trouver l'occasion, mon unique amie, de te faire part, avant de te quitter, de mes inquiétudes sur le sort de ma dernière lettre à Charles. La date de celle de madame de Neuville qui nous annonce le départ de mon ami, me fait craindre qu'il n'ait quitté Paris avant que ma lettre ne lui soit parvenue. Si elle tombe dans les mains de ma sœur, aux termes où elle en est avec Charles, peut-être ne se fera-t-elle point scrupule de l'ouvrir, et notre secret!... je tremble.....

Ne me laisse pas ignorer tes moindres actions; que je puisse te suivre dans toutes tes pensées, dans tous tes mouvemens. Je ne sais quel pressentiment confus m'avertit que l'arrivée de ton père doit être pour nous l'époque d'un grand événement. Que je sache le jour où il est attendu.

Le prétexte de changement d'air nécessaire à ma santé, que j'ai donné à ma sœur, m'oblige de faire ici quelque séjour ; je resterai donc à Beaugency pendant quelques semaines ; mais je le sens, Cécile, il est impossible que je vive éloigné de toi. Huit petites lieues nous séparent, et je puis les franchir en moins de deux heures !

LETTRE LIII.

CÉCILE A ANATOLE.

Beauvoir, novembre 1786.

ONZE heures sonnent; enfin me voilà seule, retirée dans ma chambre. Si tu savais, Anatole, combien ils me gênent, combien la présence des êtres les plus chéris m'oppresse et me fatigue! je n'ai plus que toi pour témoin de mes larmes. Ah! puisque je t'ai sacrifié mille fois plus que la vie, que du moins le sentiment qui m'a perdue remplisse mon cœur et le soulage en le dévorant !

Je ne sais quelle nouvelle force m'élève et me soutient, je ne suis plus la même; Anatole est timide auprès de moi, je puis tout entreprendre, tout braver, et je n'imagine point de péril au-dessus de mon courage. Quelle est, dis-moi, mon tendre ami, cette nouvelle audace? pourquoi une faible femme te surpasse-t-elle en force d'ame? L'avenir est pour moi sans crainte et même sans espoir; j'ai rempli ma destinée. Je sens que j'occupe aujourd'hui la seule place qui m'était assignée sur la terre; j'attache je ne sais quelle idée de superstition et de providence au lien fatal qui nous unit....Bientôt il faudra ne plus se voir ; mon père est attendu sous peu de jours, et tout se prépare dans la maison pour son retour. Ne plus se voir !... as-tu compris ces paroles? Nécessité désespérante ! je me répète que cela doit être, et je ne puis croire que cela soit jamais. Le froid de la mort me saisit quand je songe que ton absence est réelle, inévitable, qu'elle peut être longue, que sais-je ? peut-être éternelle, et que ta présence est une fiction de mon amour.

La solitude m'est devenue chère ; je crains tout ce qui peut me distraire de la seule pensée qui me permet de vivre. Seule, bien seule, je me retrouve avec toi, je te parle, je t'écoute, je t'entends ; aussi vais-je souvent rêver sur les bords du petit étang, je m'enfonce sous les allées épaisses du petit bois qui l'entoure, et je suis sûre de te trouver sous le vieil orme que la foudre a tant de fois sillonné; sa tête est dépouillée, mais ses branches inférieures sont encore verdoyantes et jeunes. Je m'assieds au pied de cet arbre, et les heures s'écoulent, et la journée fuit.... Adieu, Anatole, adieu, mon ami; toutes tes pensées sont les miennes, unique bonheur de Cécile! Tu trompes comme elle l'insupportable ennui de l'absence, en te rapprochant par l'imagination de celle qui vit pour toi seule. Adieu, mon ami, demain encore je serai à sept heures sous le vieil ormeau.

P. S. Si ta dernière lettre était tombée entre les mains de ma tante, si notre secret !... Qu'importe à qui s'enivre de son bonheur criminel, à qui trouve, dans son amour, son orgueil, son devoir et sa religion ?

❀

LETTRE LIV.

ANATOLE A CHARLES.

Octobre, 1786.

Comment l'espace de quelques heures suffit-il pour renfermer tant de joie, tant de douleurs, des sentimens si violens et si opposés! Je l'ai revue; je l'ai pressée sur mon sein!... Jamais je n'eus si grand besoin d'épancher mon ame et de confier à mon ami les souvenirs brûlans qui m'obsèdent, et jamais je ne fus moins en état de parler et d'écrire.

Peut-être hier soir auras-tu remarqué son absence : eh bien! Charles, elle était près de moi! A quelque distance de la ferme de Beauvoir, est un joli petit bois sur le penchant du coteau; c'était là que je m'étais pour la première fois trouvé seul avec elle; que j'avais vu se développer à mes yeux ce que la nature a de plus délicieux, les sensations naïves d'une femme qui joint aux douces qualités de son sexe, les mâles vertus qui manquent si souvent au nôtre.... C'est là qu'elle m'avait écrit, la veille, qu'elle irait m'attendre. Il y a dans le malheur et dans l'amour, je ne sais quel égarement; absorbé dans une seule idée, l'homme devient maniaque et fou; il poursuit dans toutes les circonstances, la seule pensée qui l'occupe sans partage. Il faut être très-passionné pour concevoir la folie, et je pense, mon ami, que ces organisations profondément sensibles, qui recèlent en elles-mêmes un foyer trop ardent, approchent bien plus que les autres de cet état d'insanité que la pitié flétrit, et où la raison ne devrait souvent voir que les ruines des esprits supérieurs, victimes de leur propre énergie.

A quel propos ce raisonnement sur la folie? Serais-je semblable au joueur qui devient philosophe en perdant son or; je le sens trop, mon ami, ce sont des excuses que je me prépare..... cet état ne peut durer.... Revenons à mon récit.

Je m'occupai long-temps d'avance des préparatifs de mon départ. Il me semblait que je me rapprochais d'elle, à chaque nouveau préparatif que je faisais. Pendant que les heures de la matinée s'écoulaient, Cécile absente était devant moi ; je la voyais, je touchais sa main ; je croyais respirer son haleine ; je me promenais à grands pas à travers la chambre, en la nommant, en lui parlant. O mon ami, depuis que cet amour funeste me domine, j'aspire à perdre entièrement la raison. Ce qu'il y a de plus pénible au monde, c'est d'avoir pour ainsi dire une partie de son ame éveillée sur les égaremens de l'autre ; c'est de se contempler soi-même ; c'est de conserver assez de jugement pour comprendre tout son délire, et trop de délire pour ne pas briser violemment toutes les entraves de la raison.

Je partis à deux heures ; mon intention était d'arriver à six heures au rendez-vous, d'aller à cheval jusqu'à Saint-Laurent, et de faire à pied les cinq petites lieues qui me sépareraient encore de Cécile. A peine avais-je commencé ce chemin si doux, dont le but était toujours présent à ma pensée, que je méditai sur les moyens d'abréger la route. Je me souvins d'un sentier de traverse, que l'on nomme la route des Genêts et qui trace, au milieu des champs, une ligne à peu près diagonale. Arrivé au tiers de ma route, je crus reconnaître ce sentier et je n'hésitai pas à le prendre. Je m'égare dans la forêt qui entoure le château des *Somynes*. Déjà cinq heures devaient être sonnées; le retour des troupeaux et les ombres du soleil se prolongeant sur les plaines, m'annonçaient une époque avancée du jour. Mes regards inquiets cherchaient vainement à l'horizon la touffe de bois qui couronne la ferme. Déjà le jour finissait, j'étais épuisé, j'avais pressé le pas, et la sueur ruisselait sur tout mon corps. Je m'aperçus trop tard que j'avais pris une route pour une autre, et, me détournant un peu sur la droite, j'allai frapper à la porte d'une petite cabane dont la maîtresse m'indiqua mon chemin. Je m'étais égaré d'une grande lieue. Juge de mon chagrin. Je craignais que Cécile ne fût partie après m'avoir attendu long-temps; mon cerveau était brûlant, et je joignais à la fatigue de l'esprit la lassitude du corps.

Déjà la lune se levait et les dernières clartés du jour mouraient à l'horizon, quand, le cœur saisi de joie et de crainte, j'entrai dans le petit bois, et je me dirigeai vers l'étang, cherchant à reconnaître le vieil ormeau où nous devions nous joindre.... J'écoute; une voix harmonieuse, une voix que nulle voix de femme n'imitera jamais, soupirait dans l'épaisseur du bois le nom d'Anatole! C'était-elle. La nuit était venue, et le bruit de nos pas dans les broussailles était notre seul guide. Nous nous rencontrâmes. Je la vis, je la vis à demi cachée par l'obscurité du feuillage, à demi éclairée par les rayons de la lune qui se levait. O mon ami! réunir dans un instant, dans un éclair, tout ce qui pourrait composer une vie entière, la passion, le désespoir, le bonheur, la joie, l'enivrement; éprouver tant d'émotions à la fois, paraît impossible; et cependant voilà ce que je sentis.

Quand elle vit mes habits déchirés et mouillés, mon front battu de mes cheveux trempés de sueur ; quand elle s'aperçut que mes genoux tremblaient et que je me soutenais à peine, elle me prit dans ses bras avec cette compassion tendre qui n'appartient qu'à une femme. Nous nous assîmes au pied du vieil orme; ma tête était sur ses genoux; d'une main caressante, elle étanche avec son voile la sueur qui couvre mon visage; ô délices, ô volupté dont rien ne peut donner l'idée sur la terre! ....

Qu'il fut court, le temps que nous passâmes ensemble! Et cependant, ô mon ami, quels siècles de plaisirs vulgaires valent cette heure fortunée! Peu de paroles, peu de discours étrangers à l'expression toujours la même, d'une passion si malheureuse, si enivrante, ne se mêlèrent au sentiment de notre félicité qu'elles auraient corrompue. Quand je pense que cette femme angélique, pour laquelle tous les sentimens de père, de frère, d'amant et d'ami, se réunissent dans mon sein; quand je pense que cet être seul, auprès duquel le monde et toi-même disparaissent à mes yeux; quand je pense que Cécile ne sera pas mon épouse, que je l'ai arrachée à tout ce qui faisait son repos, et qu'elle périra par moi : alors, mon ami, la force de penser et de vivre me manque ; le désordre s'empare de tout mon être et je sens que ma raison m'abandonne.

Ah ! que je la conserve quelques jours encore !.... Cécile en me quittant m'a appris qu'elle allait passer quelques jours avec sa mère et le chevalier de Saint-Julien, dans un vieux château *enchanté* qui appartient à M. d'Amercour.... Elle m'a promis que nous nous y verrions encore une fois avant le retour de son père.

LETTRE LV.

ANATOLE A LUI-MÊME.

Octobre 1786.

Non, le cœur humain n'est borné ni dans ses désirs, ni dans ses douleurs, ni dans ses jouissances! Hier encore, je croyais avoir épuisé tout ce qu'il renferme de délices, et je n'avais connu que le bonheur d'un homme : la nuit dernière, j'ai goûté des plaisirs célestes. C'est au moment où je suis encore sous cette influence divine, que je veux me rendre témoignage à moi-même de quelques heures d'une existence qui appartient à un autre ordre de choses. Je le sens, dans quelques jours mon cœur n'aurait plus d'interprète, et ma pensée manquerait d'expressions.

Cécile, en me quittant, m'avait promis que nous nous reverrions avant l'arrivée de son père; hier, à cinq heures du matin, j'ai reçu le billet suivant :

« Nous sommes, depuis deux jours, *aux Bruyères*, en grande compagnie; trouvez-vous, au déclin du jour, à l'endroit que l'on nomme le *Chéne des Dames*; un billet déposé dans le creux de cet arbre vous en dira davantage.

» Vous pourrez prendre adroitement, auprès de M. d'Amercour, les renseignemens dont vous avez besoin pour airiver à cet antique château perdu au milieu des bruyères dont il porte le nom. »

A neuf heures du matin j'étais en route, instruit dans les moindres détails de tout ce qu'il m'importait de savoir : dans la crainte d'arriver de trop bonne heure, et d'être rencontré par quelque personne de connaissance, je m'arrêtai dans une closerie à plus d'une lieue des Bruyères; j'y fis un modeste repas, que je fis durer jusqu'au moment où je vis le soleil descendre à l'horizon.

Grâce aux informations que m'avait données M. d'Amercour, et à celles que j'avais prises chez le vigneron où j'avais dîné, j'arrivai droit à ce *Chêne des Dames* que m'avait indiqué Cécile; j'y trouvai le billet qu'elle m'avait annoncé.

« Le sentier qui vous fait face conduit à une sapinière au-delà de laquelle se trouve le fossé du château. On peut le traverser, en cet endroit, au moyen de quelques arbres jetés en travers du saut-de-loup. A quelques pas de-là, une voûte en rocaille est creusée sous un monticule d'où l'on découvre, au-delà d'une vaste bruyère, l'une des quatre faces du château. Dans cette partie, la seule habitée en ce moment, il vous sera facile de reconnaître une petite fenêtre en ogive, à la lueur rougeâtre qu'on y verra briller, quand toutes les autres seront éteintes. »

La nuit est venue, je me suis réfugié sous la voûte, d'où je sors vingt fois pour aller observer les fenêtres du château.... Que le temps me dure !.... que je désire !.... que je souffre !.... Mais les fenêtres s'éclairent, et tous les hôtes du château viennent d'entrer dans leur chambre à coucher.... Qu'y font-ils ?... Plus d'une heure s'est écoulée.... aucune lumière ne s'éteint..... mais elles disparaissent!.... Je n'en compte plus qu'une!...., ô bonheur! tout est dans l'ombre....

Je m'approche, je reconnais la fenêtre en ogive. Une lumière se promène sur le rideau de pourpre qui la ferme; toute ma vie est dans mes yeux... La fenêtre s'ouvre : un des bouts d'une longue torsade, attachée à l'intérieur, tombe à mes pieds; je m'en saisis, et à l'aide du treillage que je touche à peine, je m'élance dans la chambre d'où la lumière a disparu. J'en retrouve la trace sous la porte de la chambre voisine....je reste quelque temps immobile, la poitrine oppressée : enfin je prends courage, je porte une main tremblante sur la clef, j'ouvre et j'entre d'un pas mal assuré. Tout mon corps tremblait; un nuage obscurcissait mes yeux.

J'aperçois Cécile à moitié évanouie sur un fauteuil, je me précipite à ses pieds, j'y veux en vain recueillir mes esprits, ma tête n'avait plus d'idées, ma bouche ne pouvait s'exprimer que par des soupirs. Enfin je me hasarde et j'ose lever les yeux sur la divinité aux pieds de la quelle j'étais prosterné en silence. Tant de beautés pouvait-il être le partage d'une mortelle? Je la vois encore la tête mollement inclinée sur son sein, portant à la fois sur sa figure les impressions de la crainte, de la pudeur et de l'amour; je vois les pleurs qui s'échappent à travers sa paupière; ils tombent sur son sein, et s'y évaporent comme des gouttes d'eau sur un fer brûlant. « Divine Cécile (m'écriai-je en sortant de l'extase où m'avaient plongé toutes les sensations qui m'assaillaient à la foi) ! Laisse tomber un regard sur le fortuné mortel qui meurt à tes pieds d'amour et de reconnaissance ». Elle souleva ses longues paupières d'ébène encore chargées de larmes, et ses yeux s'attachèrent dans les miens avec une expression si tendre!.... Je me crois transporté dans les cieux.... l'ivresse du bonheur s'empare de moi : je me lève ; je parcours à grands pas cette chambre ou plutôt ce sanctuaire de la divinité de mon cœur. Tous les objets dont je suis environné appartiennent à Cécile, ou servent à son usage : cette glace a retenu l'empreinte de ses traits adorés ; ces parfums n'embaument pas de leur odeur, ils me semblent exhaler quelque chose de cette essence divine que je ne respirai jamais qu'auprès d'elle.

La vue de ce lit embrasait mon ame et mes sens ; je n'osais le regarder, il brûlait mes yeux. L'égarement de ma tête régnait dans mes discours et dans mes actions ; j'allais, je venais, j'errais autour d'elle : je saisissais ses vêtemens épars, je les couvrais de baisers ; j'avais besoin d'intermédiaire pour arriver jusqu'à Cécile...., « Idole de mon ame, lui disais-je en retombant à ses pieds, aie pitié du désordre où tu me vois ; si tu es une divinité, pourquoi cette illusion ravissante de mes sens ? Si tu es une mortelle, pourquoi cette crainte religieuse qui m'arrête ? »

» Anatole, me dit-elle d'une voix faible, je suis plus qu'une divinité, je suis ton amante. » Et sa main, en parlant ainsi, tombait dans la mienne, et sa tête venait chercher un appui contre mon sein. J'osai la serrer dans mes bras; les siens s'enlacèrent autour de mon corps, et son haleine embaumée vint effleurer mes lèvres. Je le recueillais d'une bouche enflammée, ce souffle d'amour, mais je tremblais encore d'aller le respirer à sa source : Cécile franchit l'intervalle et nos ames se réunirent dans un baiser. . . . .

Moment de félicité suprême! Nuit d'éternelle mémoire, je ne profanerai pas le mystère d'amour dont tu fus témoin : restez ensevelis dans mon cœur, souvenirs ineffables des plaisirs que j'ai goûtés dans les bras de la plus parfaite créature qui jamais ait été formée! Ne crains pas, ange de pudeur, que ton amant sacrilége trahisse, même auprès de l'amitié, le secret de son bonheur !.. Ah ! ce serait en vain que je voudrais retracer tous les délices de ta possession : il n'est point de langue qui pût les exprimer. S'il est des mots pour peindre l'ivresse de mes sens, les transports de mon ame embrasée, en est-il qui puissent donner une idée de cette volupté céleste, de cette ravissante sensibilité, de cette pureté des anges qu'il n'appartint jamais qu'à toi de réunir ? En est-il qui puissent rendre le charme attaché à tes caresses, à tes soupirs, à ce doux abandon de ton ame, à cet étonnement si naïf de la plus aimable ignorance? En est-il surtout qui puissent exprimer ces gémissemens si tendres qui attestaient le triomphe de ton heureux amant? Oui, nous étions (comme tu le disais en me pressant sur ton sein) « les deux moitiés réunies du même être; » mais je n'en étais que le corps; Cécile, tu en étais l'ame : et moi, semblable à ces substances inodores qui s'approprient, par la communication immédiate, un parfum qui leur est étranger, je puisais dans tes bras une existence nouvelle ; ton amour m'élevait jusqu'à toi.

LETTRE LVI.

MADAME DE CLÉNORD A MADAME DE NEUVILLE.

Beauvoir, novembre 1786.

Mon mari est enfin de retour! imagine quelle joie, quelle rumeur dans le village! toute la maison est en désarroi. Sa santé est parfaite, et rien n'aurait troublé le bonheur de cette journée, si quelques paroles prononcées légèrement ne m'avaient d'abord effrayée pour l'avenir. Tu partageras ma crainte, ma bonne sœur, car il s'agit de la destinée de Cécile. Je crois que mon mari se trompe dans ses idées sur cette chère enfant.

A peine s'était-il assis au milieu de nos félicitations et de nos caresses, qu'il se leva, me prit à part et me dit : « Décidément Cécile est d'âge à choisir un époux ; que pensez-vous enfin du comte de Montford ? » Et sans attendre que je répondisse : « C'est un homme de la plus haute naissance, il a de la fortune, un rang, de l'esprit ; Cécile sera très-heureuse. » Je voulus persuader à M. de Clénord qu'il était bon d'attendre encore quelque temps. Tu sais, ma chère, combien de répugnance j'ai toujours montré pour cette union, qui n'offre à ma Cécile aucune chance de bonheur.

Toutes mes observations ne servirent qu'à donner plus de force à la volonté de mon mari; il me déclara que le comte était l'époux qu'il destinait à sa fille, et que demain il le lui présenterait en cette qualité.

En effet, ma bonne amie, dans la matinée du lendemain, pendant que nous étions à broder dans le grand salon, et que nous nous plaignions du mauvais temps qui nous retenait au château, mon mari est entré avec M. de Montford; tu ne le connais pas : figure-toi un homme de trente et quelques années, d'une figure assez fine, mais sans autre expression. Ses manières sont aisées, nobles, et pourtant n'inspirent point de confiance.

Après une conversation froide et générale, mon mari, d'assez mauvaise humeur, s'était jeté sur un sofa, d'où il lançait tour à tour un mot à Cécile, pour l'exciter à prendre part à la conversation, et une phrase au comte pour lui fournir matière à faire briller son esprit. Le comte n'en manque pas; mais je lui crois encore plus de suffisance et de jargon; il a parlé de la cour, de la philosophie moderne et de l'insolence des paysans, du ton d'un homme qui n'estime que sa classe et enveloppe tout le reste dans une bienveillance pleine de mépris.

Plus sa visite se prolongeait, plus j'étais embarrassée de la froideur toujours croissante de Cécile, et de l'agitation que mon mari avait peine à dissimuler. L'air avantageux, la malice affectée du comte, son ton de supériorité, sa galanterie pleine de confiance n'étaient pas de nature à plaire à ma fille, qui les accueillit avec une froideur dédaigneuse dont je lisais, pour la première fois, l'expression sur sa figure douce et modeste. Le comte, sans se déconcerter, après avoir offert ses hommages à Cécile, et lui avoir demandé avec plus de grâce que de sensibilité la permission de venir lui faire sa cour, sortit avec M. de Clénord pour aller visiter les étangs de Saint-Valery, dont nous venons de faire l'acquisition.

Cécile, au départ du comte, a tourné sur moi un regard tendre et douloureux, où j'ai lu tout ce qui se passait dans son ame; je n'ai pu, en cherchant à la rassurer, lui donner une confiance que je suis loin d'avoir moi-même; nous avons pleuré ensemble.

Ah! tu me l'as dit souvent, ma bonne, l'histoire de l'Aigle de La Fontaine, percé d'une flèche armée de ses propres plumes, est celle de toutes les ames douées d'une sensibilité trop vive. Elles sont blessées par les armes qu'elles ont fournies, et les dons que leur fait la nature ne servent qu'à leur malheur.

Charles d'Épival est ici; sa bonté, son esprit, sa grâce, parviendraient à me distraire si je pouvais échapper à je ne sais quel pressentiment funeste qui me poursuit. Ah! ma sœur, je sais quel est le caractère de M. de Clénord, je connais ma fille, et il m'est impossible de ne pas jeter un coup-d'œil de terreur sur ce mariage si légèrement projeté, et si décidément arrêté.

P. S. Il devait croire que mon frère était à Beauvoir, et cependant il n'a pas paru surpris de ne pas l'y trouver.

LETTRE LVII.

MADAME DE NEUVILLE A CHARLES D'ÉPLVAL.

Novembre 1786.

Une indiscrétion sans excuse m'a tout dévoilé : j'ai ouvert, je dois vous l'avouer, une lettre que vous adressait Anatole. Quel aveu j'ai surpris! quel secret j'ai découvert! Cette passion fatale a détruit notre bonheur à tous. Le mal est fait, il ne s'agit plus de le prévenir, mais d'y remédier s'il est possible. Je pars demain; peut-être réussirai-je à force de soins et d'adresse à parer le coup dont la première violence ne peut manquer d'être terrible.

LETTRE LVIII.

MADAME DE NEUVILLE A ANATOLE.

Beauvoir, novembre 1786.

Je sais tout; Cécile a déposé dans mon sein un horrible secret. Je suis tentée de vous maudire quand je songe à celle dont vous avez à jamais flétri l'existence, que vous avez précipitée dans un abîme de honte et de douleur; si jeune! si pure! si accomplie!... Malheureux! que deviendra-t-elle?... Que deviendra sa mère, ses parens, ses amis et les tiens? Notre existence à tous était attachée à la sienne.... Tu nous as tous perdus... et cependant je te rends justice, tu n'es pas un méchant homme; ton cœur est bon, généreux, honnête, mais une passion désordonnée y croissait à l'ombre d'une orgueilleuse sagesse, et tu lui as fait le sacrifice de tout ce qu'il y a de sacré sur la terre....

Mais je dois me faire violence et vous épargner des reproches qui pourraient vous conduire au découragement, seul malheur que vous ayez aujourd'hui à redouter. Osez envisager votre position, elle est horrible; mais si votre crime est grand, notre amitié est sans bornes.... Cher et cruel Anatole, vous ne savez pas encore jusqu'où s'étend votre infortune.... Peut-être la punition d'un moment d'erreur est-elle

déjà commencée..... Cécile craint...
Que dis-je? Elle espère... Dans quel égarement vous l'avez plongée!...

M. de Clénord est arrivé hier soir, deux heures après moi!

LETTRE LIX.

CÉCILE A ANATOLE.

.. . 1786.

Trois fois j'ai voulu commencer cette lettre, et trois fois la plume s'est échappée de mes doigts. C'en est fait!... le crime est puni; la honte, la douleur, la félicité suprême sont à jamais mon partage. Ils sauront tous le secret de notre cœur. Je suis perdue!.. Je suis heureuse!

Devines-tu, Anatole, sens-tu tous mes tourmens, tous mes délices? Je n'en puis plus douter, un gage de notre amour vit dans mon sein. Les résolutions les plus désespérées se pressent dans mon cerveau. Tantôt je veux me jeter aux pieds de mon père, et lui demander ma grâce ou la mort : tantôt je veux fuir, fuir avec toi, périr, me cacher au sein de la terre. O toi! mon époux, mon bien, mon malheur et mon seul appui, père de cet être infortuné qui naîtra sous de si cruels auspices, quel secours te demander? Que faire? Que devenir, Anatole?

LETTRE LX.

ANATOLE A MADAME DE NEUVILLE.

Beaugency, le.... 1786.

Quelle réponse exigez-vous de moi? quelles expressions pourront vous donder une idée de mes regrets, de mes douleurs, de mon désespoir? Croyez-moi, ma sœur, quelqu'amères que soient vos reproches, ils sont bien moins cruels que ceux que mon cœur m'adresse. Combien je suis coupable !...

Coupable, sans doute; mais, chère Émilie, pourrais-tu croire qu'une fatalité inévitable ne présidât pas à tant de malheurs! Pourquoi la seule femme digne de tant d'amour était-elle celle que la société me fait un crime d'aimer? pourquoi l'ai-je vue? pourquoi en venant chercher sous le toit paternel le bonheur et la paix, ai-je rencontré un éternel sujet de douleur et de repentir? Sous quel astre infernal suis-je né!

Ma sœur, ma tendre sœur, dans le délire où je suis, j'assemble des mots et ne puis lier des idées.... Ordonne, Émilie, faut-il m'éloigner pour quelque temps, pour toujours? Je partirai, je retournerai dans cette Amérique nouvelle où j'aurai pu mourir avec quelque gloire; peut-être effacerai-je tous ces souvenirs de mon cœur, peut-être.....

Ah ! ma chère sœur, à quoi tient notre malheureuse existence? Vois-moi anéanti, perdu à jamais, sans espoir, sans avenir, dévoré de remords, poursuivi par le passé, bouleversé par le présent, et ne voyant dans les jours ou les années qui me restent, qu'un long sujet de désespoir.

Je ne demande pas à te voir, à t'effrayer de mes remords, mais prends pitié de ton malheureux frère; mais écris moi, parle-moi d'elle; d'elle, que j'ai précipitée dans l'abîme, et que je ne voudrais pas rendre à l'innocence au prix de cet amour forcené qui fait mon crime et son malheur.

LETTRE LXI.

CHARLES A ANATOLE.

Beauvoir, le.... 1786.

En te rendant compte de la scène qui s'est passée hier à Beauvoir, et dont je suis encore profondément ému, je ne ménagerai point ta sensibilité; il y a des fautes dont il faut porter la peine intérieure, et que l'amitié même ne doit pas chercher à affaiblir.

M. de Clénord, après avoir présenté le comte à Cécile (comme madame de Neuville m'a dit te l'avoir raconté), dès le lendemain a signifié à sa fille que son intention était de voir bientôt terminer un mariage *illustre* (je me sers de son expression), qui conduisait Cécile à la cour, et alliait sa famille à l'une des plus grandes maisons de la France et de l'Angleterre. Cécile n'avait d'abord répondu que par des larmes, et sa mère, qui ne voulait que gagner du temps, s'était bornée à opposer aux vœux de son mari l'extrême jeunesse de sa fille.

Quelques jours s'écoulèrent sans que M. de Clénord revînt à la charge, et nous commencions à espérer, sinon qu'il eût renoncé à son projet, du moins qu'il en avait ajourné l'exécution. Juge de notre douleur et de notre étonnement, lorsque hier soir, à la fin du souper, où se trouvaient le comte de Montford et toute la famille d'Amercour, il invita, de l'air le plus solennel, la société à passer dans son cabinet, où nous trouvâmes le notaire, assisté de ses deux acolytes. A cette vue, Cécile, à qui le comte donnait la main, le quitta brusquement, et alla se réfugier entre sa mère et sa tante, en les regardant l'une et l'autre avec un sentiment de terreur dont je n'oublierai jamais l'expression. Quand tout le monde fut assis, M. de Clénord prit la parole, et prévint l'assemblée qu'il s'agissait du contrat de mariage de sa fille. « De mon mariage! s'écria-t-elle en se jetant dans les bras de sa mère. — D'où naît votre surprise? reprit avec beaucoup de sang-froid M. de Clénord; depuis plusieurs jours n'êtes-vous pas prévenue de la recherche honorable dont vous êtes l'objet? — Je me flattais, continua-t-elle avec timidité, que mon père interpréterait mon silence, et que Monsieur (s'adressant au comte) croirait devoir s'assurer de mon consentement après avoir obtenu celui de mon père. — J'avoue, Mademoiselle, répondit M. de Montford, que je me croyais suffisamment autorisé par votre silence, auquel mon amour et mon respect pour vous ne me permettront jamais de chercher un motif étranger à cette pudeur dont je me plais à voir en vous le modèle. — Nous avons peut-être été un peu vite, interrompit M. de Clénord, mais l'empressement du comte est trop flatteur pour que ma fille puisse s'en plaindre.... Passons à la lecture du contrat. »

A ces mots, Cécile, entraînée par une émotion violente qu'elle ne pouvait plus maîtriser : «Je déclare, a-t-elle dit d'une voix étouffée par ses larmes, que je ne veux point me marier. — Peut-être, dit Montford en s'efforçant de sourire, aurait-on pu réserver cette scène pour une occasion moins solennelle ; mais puisqu'on m'oblige à y prendre part, je prierai mademoiselle Cécile de ne point me donner l'air, aux yeux de ses amis, d'un homme qui veut faire violence à son inclination. Je la prie de se souvenir qu'elle a pu se familiariser depuis plus d'un an, qu'elle a reçu mon premier hommage, avec l'idée d'une alliance dont j'ai l'amour-propre de croire qu'elle pourrait être fière. » Cécile ne répondait pas et fondait en larmes dans les bras de sa mère qui la serrait, en pleurant, contre son sein; M. de Clénord, moins touché des pleurs de sa fille que du mécontentement que témoignait le comte de Montford, essayait de prouver à ce dernier que la douleur à laquelle s'abandonnait Cécile, était l'effet de la surprise et de la modestie; il allait insister pour que l'on commençât la fatale lecture, lorsque madame de Neuville s'adressant au comte: « Mon frère a raison, dit-elle; Cécile était d'autant moins préparée aux vives émotions qu'un pareil moment a dû lui faire éprouver, qu'il avait été convenu qu'il ne serait question de mariage pour elle, qu'au retour des eaux où elle doit m'accompagner et qui lui sont également prescrites; je suis certaine qu'il n'entre point dans les intentions de M. de Montford de changer quelque chose à nos projets, et qu'il ne voudra pas arracher un consentement qu'il peut un jour obtenir.» Cette observation de madame de Neuville faite à propos et de ce ton d'autorité que tu lui connais, eût tout l'effet que l'on pouvait en attendre. M. de Montford qui prévoyait de la part de Cécile un refus formel dont il était bien loin de soupçonner la cause principale, se pressa d'accepter un délai qu'il eut l'air de prendre pour un engagement; M. de Clénord qui commençait à craindre les suites d'une lutte entre son autorité et le désespoir de sa fille, ne crut pas devoir se montrer plus exigeant que celui qu'il appelait déjà son gendre; et Cécile à qui l'imminence du péril faisait voir un moyen de salut dans une circonstance qui en éloignait la menace, témoignait sa reconnaissance au comte avec un sourire si tendre, qu'il faut pardonner à ce dernier de s'être mépris au sentiment qu'il exprimait.

Tu seras heureux d'apprendre, mon ami, que madame de Neuville qui ne voulait pas donner aux parties belligérantes le temps de la réflexion, a cru devoir avancer son départ de quelques jours, et que ta sœur et ta nièce partent demain pour Barèges.

P. S. Madame de Neuville a exigé que je ne fisse partir ma lettre que ce soir, dans la crainte assez probable que tu fisses la folie d'aller les attendre sur la grande route : quand tu recevras ce message, les chevaux de poste auront mis soixante-dix ou quatre-vingts lieues entre vous.

LETTRE LXII.

CÉCILE A ANATOLE.

Beauvoir, le.... 1786.

Je vais partir bientôt; dans deux heures je m'éloigne pour la première fois des rives de la Loire.... Je te quitte sans te voir, toi qui fais ma destinée; toi qui seul peux m'estimer encore après m'avoir rendue indigne d'estime... Mon ami, soutiens ma faible raison qui s'éteint, et pour me consoler dans cette cruelle épreuve, dis-moi qu'elle met un terme aux poursuites d'un homme qui a pu croire un moment qu'il obtiendrait la main de ta Cécile.... Ma main!... l'insensé ne devait-il pas savoir que mon cœur, que ma vie, que tout mon être t'appartient. Hélas!... C'est un crime, un crime au-dessus de la clémence céleste; et j'accuse celui qui n'a pu m'en soupçonner coupable!... C'en est fait, la vertu, l'innocence, la piété, tout a fui; je reste seule avec mon amour, sans espoir, sans avenir; et pourtant sans remords.

Je ne me suis point couchée; j'aurais craint que le sommeil ne t'éloignât un moment de ma pensée, dans cette dernière nuit que je passe sous le toit paternel.... Je n'efface point ces mots, *dernière nuit*, qu'un invincible pressentiment a laissé tomber de ma plume.... Te le dirai-je, Anatole? poursuivie par l'idée que je ne rentrerai jamais dans ce château que je vais quitter dans quelques heures.... je regarde tous les objets avec le sentiment douloureux d'une éternelle séparation. C'est dans cette chambre où je t'écris, que l'année dernière, à la même époque, et presqu'au même jour, mes lèvres mourantes exhalèrent dans ton sein l'aveu coupable auquel ton cœur a si tendrement répondu. Tu m'écrivais: « Ce que vous » appelez votre crime est le mien; ce » que vous nommez votre honte est la » mienne; unis par la faute nous ne » serons pas séparés par le châtiment. »

En te consacrant des jours que tu m'avais rendus, j'ai rempli ma part de notre destinée; mais tu n'as pas achevé la tienne, Anatole : qu'importe maintenant où finisse ma vie! elle est tout entière dans quelques mois qui t'appartiennent encore... Ta carrière est plus vaste ; les hommes ont une mission plus haute et plus étendue que la nôtre, à remplir sur la terre. Après avoir vécu pour moi, songe qu'il te reste à vivre pour ton pays; que n'a-t-il pas droit d'attendre de toi, que tant de courage, de talent et de grandeur d'ame, distingue du vulgaire, dans cette tempête politique dont tu m'as tant de fois fait observer les signes avant-coureurs!

J'avais quitté la plume pour relire vos lettres; je la reprends après deux heures d'interruption... J'aurais voulu vous voir avant mon départ, j'en avais témoigné le désir à ma tante, et sa tendresse indulgente avait concerté avec votre ami le moyen de nous réunir quelque momens à Blois ; mais la crainte d'y rencontrer M. de Montford, qui est depuis quelques jours à Ménars, nous a forcé à renoncer à ce projet. La pensée effrayante d'une semblable rencontre s'est tellement emparée de l'esprit de ma tante, qu'elle a avancé de vingt-quatre heures notre départ, pour que vous ne puissiez en être instruit que le lendemain.

Ainsi donc, mon ami, c'est un long adieu que je vous adresse.... Quand vous reverrai-je ? en quels lieux ?.... Avec quel frémissement d'amour et de terreur j'écoute la voix mystérieuse qui me répond !... Le jour paraît, et déjà le bruit des chevaux qu'on attèle se fait entendre dans la cour du château. On entre chez moi : c'est votre excellente sœur; elle ne lit point ma lettre, mais elle veut, avant de la fermer, y ajouter quelques mots :

« Rien n'est perdu si vous êtes raisonnable; la lettre de Charles, que vous recevrez en même temps que celle-ci, vous dira ce qui s'est passé à Beauvoir, et les événemens qui ont amené notre prompt départ pour Barèges. Notre retour est fixé par M. de Clénord, mais vous concevez qu'il dépendra de circonstances qu'il n'a pu prévoir. Anatole, vous avez commencé à réaliser la prédiction d'une mère expirante; vos passions ont creusé sous vos pas un effroyable abîme, n'achevez pas la ruine de celle que vous avez enchaînée à votre destin, et souffrez du moins les avis de ceux qui pourraient vous adresser de si justes reproches. N'allez pas à Beauvoir pendant notre absence, vous pourriez y rencontrer le comte de Montford, et sa vue exciterait en vous des transports que vous n'auriez ni la force ni le courage de contenir.

» Nous ne vous écrirons qu'une fois par semaine; songez, en nous répondant, que le traitement des eaux, que nous allons suivre, exige, dans l'état où nous sommes, une parfaite tranquillité d'esprit, et que les lettres de nos correspondans, qui pourraient troubler le repos de notre solitude, ne nous parviendraient pas. »

LETTRE LXIII.

MADAME DE NEUVILLE AU CHEVALIER D'ÉPIVAL.

Toulouse, le.... 1786.

Nous l'avons emmenée, nous l'avons arrachée des bras de sa mère, et nous voici au pied des Pyrénées. Avant de vous parler de notre séjour, je vous dois compte de notre voyage. Quelques incidens l'ont attristé, le plus important doit vous être connu; je vous le raconterai cependant, mon ami, ne fût-ce que pour vous mettre à même de comparer les deux narrations.

Il était cinq heures du matin lorsque nous avons quitté Beauvoir; Cécile, qui ne s'était pas couchée, entra dans la chambre de sa mère à qui j'avais fait accroire que nous ne partirions qu'après déjeuner; elle se jeta à genoux aux pieds de son lit, reçut ses embrassemens et sa bénédiction d'un air égaré, et monta machinalement en voiture. Le postillon refermait sur nous la portière, lorsque M. de Clénord, à qui nous avions fait nos adieux la veille, mit la tête à la fenêtre et nous prévint qu'il allait descendre. Je savais trop bien ce qu'il avait à nous dire, pour ne pas épargner à Cécile le chagrin de l'entendre; je donnai l'ordre au postillon de partir, sans faire attention aux cris que l'on poussait pour nous rappeler.

Je me gardais bien d'arracher en ce moment la pauvre Cécile à l'espèce d'anéantissement physique et moral où je la voyais plongée, et qui lui ôtait du moins la conscience des douleurs qu'elle éprouvait : nous gardions le silence, je tenais sa main dans la mienne et j'épiais sur sa figure les mouvemens de son ame. Depuis notre départ ses yeux restaient fixés sur la Loire, mais il était aisé de voir que sa pensée en remontait le cours.

En passant devant Ménars, elle se détourna brusquement et pressa ma main contre ses lèvres. Je commençais à m'effrayer de l'immobilité de ses traits, et j'avais besoin de voir couler ses pleurs. Je prononçai le nom d'Anatole : à ce mot sa poitrine se souleva, et les souvenirs qui l'étouffaient commencèrent à se frayer un passage ; je pleurai pour lui arracher des larmes ; j'entrai dans tous ses sentimens et je rendis le mouvement à son ame abattue sous sa propre énergie. « Songez, ma Cécile, lui dis-je en la pressant sur mon cœur, qu'il ne vous reste d'autre moyen de récompenser ma tendre amitié, que de seconder mes efforts pour ramener le calme dans vos esprits, et l'espérance dans votre cœur. Je sais que l'amour, ce sentiment doux et terrible, repousse tout ce qui n'est pas lui ; mais nous sommes tous bien malheureux, et nous ne pouvons attendre de soulagement que de votre courage ; prenez donc pitié de vous pour avoir pitié des autres. »

La chère enfant se jeta dans mes bras, m'appela des noms les plus tendres et s'abandonna sans réserve à toute la vivacité des émotions que j'avais réveillées en elle..... Que je me sus bon gré de n'avoir pas emmené de femme de chambre avec nous! La contrainte que nous aurait imposée la présence d'un tiers, eût empêché ma Cécile de m'ouvrir son ame tout entière : quel trésor inépuisable de bonté, de courage et d'amour!! Oh! mon ami, qu'elles sont à plaindre ces ames privilégiés, ces ames favorites de la nature, que leur confiance même dans la vertu qu'elles chérissent, expose à mille dangers qui n'approchent pas des ames vulgaires....

Arrivées de très-bonne heure à Blois, nous descendîmes à *l'hôtel d'Angleterre* où j'exigeai que Cécile prît un bouillon avant de nous remettre en route.

Le cocher, qui nous avait amenées avec nos chevaux jusqu'à Blois, vint prendre congé de nous tandis qu'on attelait les chevaux de poste à notre voiture ; les adieux de ce vieux serviteur qui a vu naître la mère de Cécile dans ce même château où il retournait, ont été pour cette chère enfant l'occasion d'une nouvelle douleur, que je me suis bien repentie de ne lui avoir pas épargnée.

Son cœur eut un nouvel assaut à soutenir en passant devant le couvent de Laguiche, où elle me témoigna le désir de s'arrêter un moment : sans m'y opposer d'une manière trop absolue, je parus céder à son désir avec tant de chagrin, qu'elle n'insista pas ; mais l'aspect de ce lieu, où s'étaient écoulées les dernières années de son enfance, la replongea dans une mélancolie profonde dont je ne cherchai pas à la distraire pendant le reste de la journée.

Je ne sais quel pressentiment m'avertissait de ne pas nous arrêter à Tours; mais le jour qui tombait nous menaçait d'une nuit d'orage; Cécile, fatiguée, avait besoin de repos, et nous ne pouvions espérer de trouver plus loin une auberge aussi bonne que celle du *Faucon* où le postillon nous avait conduites sans même nous avoir consultées.

Je connaissais l'hôtel et nous y fûmes accueillies avec beaucoup d'empressement; la chambre verte à deux lits, où je me fis conduire, était celle que j'avais plusieurs fois occupée en allant à ma terre de Neuville dans les premières années de mon mariage.

Tandis que je causais avec la jeune hôtesse qui nous avait suivies et qui donnait des ordres pour préparer notre logement et notre souper, Cécile, après s'être informée de l'heure où partait la poste, s'était mise à écrire. Dans la foule des questions oiseuses que j'adressai à notre hôtesse, je lui demandai si elle avait en ce moment beaucoup de voyageurs. « Deux familles anglaises, me répondit-elle, qui sont ici depuis un mois, et un jeune homme arrivé la nuit dernière et qui doit partir avant le jour. »

Le souper servi, Cécile me remit sa lettre ouverte; je la pliai, la cachetai sans la lire; j'y mis moi-même votre adresse, et je la fis porter aussitôt à la poste par notre courrier, en le prévenant que nous repartirions le lendemain matin à sept heures.

Nous étions sorties de table ; j'avais renvoyé les domestiques de l'auberge, et nous allions commencer notre toilette de nuit. On frappe doucement à la porte dont j'avais ôté la clef. Je ne doute pas que ce ne soit une des servantes de l'auberge. J'ouvre; concevez ma surprise, mon ami, concevez la terreur de ma nièce; c'est Anatole!... Il se précipite dans la chambre, et se jetant aux pieds de Cécile : « Grâce, s'écria-t-il, grâce pour un malheureux qui serait mort s'il eût dû renoncer à vous voir avant une si longue séparation. — C'est à ma tante qu'il faut demander grâce, répondit Cécile en fondant en larmes ; pour moi, mon ami, je vous attendais... — Mon frère, lui dis-je en réprimant l'expression de ma tendresse, vous avez déjà sacrifié de plus chers intérêts que les miens à la passion funeste qui vous possède ; comment m'étonnerais-je aujourd'hui d'une démarche imprudente qui ne peut désormais compromettre que moi seule? » Il se montra si sensible à l'amertume de ce reproche, que je me repentis bientôt de le lui avoir adressé. « Cette fois du moins, répondit-il en jetant sur moi un regard qui aurait désarmé l'envie, je n'ai compromis personne, j'ai fait vingt-quatre lieues en six heures de temps avec le même cheval; au lieu de vous suivre, je vous ai précédées; je repars à l'instant, et Charles lui-même ne saura pas que je vous ai vues.» Il y avait tant d'amour, tant de douceur dans son excuse, que je finis, en lui sautant au cou, par lui témoigner autant de plaisir de le voir, qu'il en avait lui-même de se retrouver avec nous.

Après quelques momens d'un entretien où chacun de nous mit en commun ses vœux, ses craintes et ses espérances, je dis à Anatole que je ne le tenais pas quitte de la punition que méritait son imprudence; que j'allais vous écrire tout ce qui s'était passé, et que je lui imposais l'obligation de vous porter lui-même ma lettre; « par ce moyen, je serai plus sûre, ajoutai-je en riant, qu'elle lui parviendra, que Cécile ne l'était tout à l'heure en vous écrivant par le courrier. »

Cécile et Anatole, en me voyant prendre la plume pour vous écrire, me remercièrent d'un regard aussi reconnaissant que s'ils eussent deviné mon intention de leur ménager la faveur d'une conversation plus intime. Je n'ai point écouté, mon ami, et cependant je pourrais vous répéter tout ce qu'ils se sont dit. La seule inflexion de leurs voix m'a souvent arraché des larmes dont vous pourrez retrouver des traces sur ce papier....

A minuit.

Anatole nous quitte : cette entrevue dont l'idée me faisait frémir, a eu le plus heureux résultat; cette violente commotion a pour ainsi dire retrempé leurs ames; je soutiendrai le courage de Cécile, achevez de rendre Anatole à lui-même.

Adieu, mon ami : les sentimens que je vous ai voués sont à l'épreuve du temps, du malheur et de l'absence.

❀

LETTRE LXIV.

CÉCILE A ANATOLE.

Barèges, 1786.

Je ne sais, mon ami, quel changement singulier s'est fait en moi. En vous quittant mon cœur s'était brisé, et la douleur seule me faisait sentir que j'existais encore. Comment se fait-il qu'à mesure que je me suis éloignée de vous, le calme soit insensiblement rentré dans mon ame, et qu'à deux cents lieues du seul être par qui et pour qui je vive, j'éprouve un bien-être indéfinissable, dont la source est dans ce même sentiment où mon désespoir avait pris naissance? L'espace et le temps peuvent donc rendre plus étroits, plus immédiats, les nœuds qui nous unissent? Il n'est donc aucun obstacle dans la nature qui puisse nous séparer? Depuis dix jours que vous êtes loin de moi, je ne vous ai pas quitté, et, je le dis en rougissant, c'est à peine si le souvenir de ma tendre mère, si la présence de ma tante, de la meilleure des amies, a pu distraire un moment ma pensée du seul objet qui l'occupe, du seul espoir qu'elle embrasse.

Je ne vous rendrai point compte de notre voyage jusqu'à Bagnères. Qu'aurais-je à vous dire, mon ami? que la douce illusion de Tours s'est reproduite sur toute la route; que je n'ai vu que votre image; que je n'ai entendu que le son de votre voix, et que cet amour fatal, auquel je m'abandonne avec terreur et délices, est la seule consolation des tourmens qu'il me cause. Mon cœur se nourrit de sa peine, et son poison devient son aliment.

Ce n'est qu'en sortant du joli village de Tressons, et à la vue d'une nombreuse cavalcade de femmes et de jeunes gens que nous rencontrâmes sur la rive de l'Adour, que je m'aperçus que nous touchions au terme de notre voyage.

En entrant à Bagnères, je fus moins frappée de la grâce pittoresque de cette jolie petite ville, située au pied d'une vaste colline, à l'entrée de la vallée de Campan, que du bruit et du mouvement qui me parurent y régner. Nous ne trouvâmes qu'avec beaucoup de peine à nous loger près de la source du *petit bain*. A peine étions-nous installées dans la seule chambre vacante d'une maisonnette où se trouvaient cinq ou six autres locataires, que le maître de la maison vint nous apporter la liste imprimée des *baigneurs*, en nous priant de vouloir bien lui donner nos noms pour être inscrits dans la liste supplémentaire. Sans attendre la réponse de ma tante, je m'empressai de lui dire que notre intention n'était point de séjourner à Bagnères, où nous ne ferions que passer pour nous rendre à Barèges. Notre hôte croyait sans doute nous faire changer de résolution en nous assurant « que les eaux de Bagnères étaient bien plus efficaces que celles de Barèges pour la guérison de nos maux qu'il ne connaissait pas ; que cette petite ville et ses environs étaient ravissans, tandis que Barèges n'était qu'un misérable village et la plus triste des stations thermales; que nous n'y trouverions personne, tandis que Bagnères était cette année le rendez-vous de la meilleure et de la plus brillante compagnie de l'Europe. »

Je n'eus besoin de faire valoir auprès de ma tante que cette dernière considération, pour la déterminer à nous éloigner bien vite d'un lieu où il était impossible qu'elle restât deux jours inconnue.

Le lendemain donc à cinq heures du matin nous étions sur le chemin de Barèges, où nous descendîmes par la vallée de Bastan. Sa sauvage aridité, le calme solennel de la nature, le silence de cette solitude, semblaient dilater mon cœur; j'éprouvais quelque chose de l'émotion qu'on doit ressentir en rentrant dans sa patrie.

Quelqu'idée que j'eusse pu me faire de Barèges, l'aspect de ce lieu de désolation l'aurait surpassé. Du haut de cette route étroite par laquelle on descend ou plutôt on se précipite dans cet abîme, le village que l'on découvre, composé d'une soixantaine de maisons blanches, alignées dans une seule rue, vous offre l'aspect d'un cimetière pratiqué dans une carrière de marbre. Cette image vous suit dans toute la longueur d'une route semée çà et là de blocs de marbre que les avalanches entraînent du sommet des montagnes et laissent à découvert lors de la fonte des neiges.

Nous sommes logées au pied du pic de Saint-Justin, dans l'endroit le plus reculé et le plus sauvage de cet horrible coin de terre. La jolie maisonnette que nous habitons appartient à l'un des deux gardiens qui restent dans ce village pendant l'hiver, époque à laquelle les propriétaires des soixante-quatre maisons dont il se compose se retirent dans les villes voisines pour échapper au danger des avalanches.

C'est là, mon cher Anatole, au pied de ces grandes montagnes qui semblent suspendues sur ma tête, au sein du remords et de la honte, que je viens cacher quelques jours d'une existence dont l'amour enchante les tourmens. Ma santé faible, incertaine, ajoute à ce calme effrayant dont je jouis dans une folle ivresse... Que puis-je espérer? que puis-je craindre, Anatole? ne suis-je pas hors de la vie?... Je vous aime!.....

LETTRE LXV.

MADAME DE CLÉNORD A MADAME DE NEUVILLE.

Beauvoir, 1786.

Que la religion est puissante, ma chère sœur ! sans elle aurais-je pu apprendre sans mourir le fatal secret que m'a révélé ma fille avant de me quitter, et que ta clairvoyante amitié m'avait inutilement fait pressentir! Cécile aime son oncle!.. de quoi servirait de rappeler le passé, et de qui pourrais-je me plaindre?.. de moi seule. Je me suis endormie dans une sécurité trompeuse ; j'ai compté sur la probité de mon frère, sur la confiance sans bornes de ma fille, sur la force des principes religieux dont j'ai rempli son ame, et je n'ai pas voulu comprendre que le principal effet des passions est de nous dérober la connaissance de nous-mêmes.... Ne nous occupons plus que de l'avenir.... cherchons-y un recours contre une erreur fatale que je déplore... Ah! Cécile, Cécile! était-ce lui que tu devais choisir!....

Je n'ajouterai point à tes peines, mon enfant, en te peignant cet amour criminel des couleurs sous lesquelles il s'offre à mes yeux; et loin de te dire combien je souffre à l'idée de voir s'accomplir une union que la nature, la religion et la loi condamneraient, je ne te parlerai que de mes efforts pour vaincre les obstacles qui s'y opposent : le plus insurmontable, le seul peut-être, est la résistance de mon mari.

Depuis votre départ je ne l'aperçois plus, il passe des journées entières enfermé avec le comte, et tout me porte à croire que le mariage de ce dernier avec Cécile est une chose arrêtée dans leur esprit : il semble que la répugnance invincible que je témoigne pour cet hymen ne fasse qu'irriter la volonté de l'un et le désir de l'autre.

Pour moi, chère sœur, je suis plus déterminée que jamais dans ma résistance à cette injuste oppression depuis que j'ai consulté notre vénérable curé, depuis long-temps ami de notre famille : j'ai mis ma douleur aux pieds de ce saint homme ; il m'a écoutée dans un pieux silence, et lorsque je l'ai interrogé en rougissant sur la conduite que je devais tenir en cette circonstance, voici en quels termes il m'a répondu : « C'est un devoir pour des parens de diriger l'inclination de leurs enfans ; mais ils n'ont pas le droit de leur faire violence, et l'obéissance qu'une femme doit à son mari ne saurait aller jusqu'à le seconder dans l'abus qu'il peut vouloir faire de son autorité paternelle. Quant au désir que vous témoignez de voir tomber l'obstacle religieux qui s'oppose à l'accomplissement d'un hymen que réprouvent également la religion et la morale, je ne puis vous promettre de faire mes efforts pour les lever, avant que vous ne m'ayez donné par écrit et confidentiellement l'assurance que cette union est devenue *indispensable*. » Si j'ai bien compris le sens de ce dernier mot qu'il a répété plusieurs fois, c'est au cœur de Cécile d'y répondre.

« Mon enfant, c'est à toi que s'adressent les dernières lignes de ma lettre ; mesure courageusement ton amour et tes forces : vois ce que ta raison, ton esprit et ton ame peuvent encore exercer d'influence sur un sentiment si funeste à ton repos et au nôtre; fais reflexion aux suites presqu'inévitables d'une passion qui étonne la vertu, qui absorbe toutes les affections de ton ame, et qui peut rompre les liens d'une famille dont tu es l'amour et l'honneur.

» Tu le vois, nous n'avons plus d'espoir qu'en toi seule, et notre sort est encore entre tes mains. »

LETTRE LXVI.

CÉCILE A MADAME DE CLÉNORD.

Barèges, ... 1786.

Quels adieux je vous ai laissé, ma tendre mère! et quelle récompense de tant de soins et de tant d'amour! Cécile, l'objet de votre orgueil maternel, formée sous vos yeux à la vertu dont elle trouvait en vous un modèle achevé, Cécile obligée de fuir pour cacher sa honte!.. Ayez pitié de moi, ma mère, et lisez encore dans ce cœur où vous avez régné si long-temps sans partage. Vous m'accusez d'avoir trompé votre confiance, en nourrissant dans le secret une passion criminelle; mais comment aurais-je pu vous en révéler l'existence? Cette vertu dont vous aviez pénétré mon ame ne m'avait pas moins appris à sentir qu'à penser, et je me livrais au sentiment que m'inspirait votre frère avec toute la sécurité de celui que j'éprouvais pour vous; ses progrès et sa violence même ne me causèrent aucune crainte. Je le mesurais sur l'attachement que je portais à ma mère; eh! comment l'aurais-je combattu cet amour que je voyais partagé par tout ce qui m'entourait? Mon admiration pour Anatole me semblait dictée par l'admiration des autres, et cette supériorité qui le distinguait à mes yeux, chacun s'empressait de la reconnaître.

Un moment vint sans doute où je ne pus me méprendre sur la nature de mes sentimens; le sommeil n'approchait plus de mes yeux; je m'interrogeais dans le silence des nuits; je pleurais et je frémissais à l'idée de vous instruire de ce qui se passait en moi. Tombée dans un profond découragement, bientôt je ne pleurai plus; les larmes les plus amères sont celles qu'on ne verse pas; elles retombent sur le cœur. Déjà il n'était plus temps de parler : mon secret m'était révélé en présence de la mort, et je résolus de l'enfermer avec moi dans la tombe. Mon crime fut d'en avoir rendu dépositaire celui que je croyais l'innocent auteur de mes maux; il me sauva la vie en m'avouant qu'il était mon complice. Il m'aimait, je ne voulus plus mourir. Devais-je corrompre la joie que vous causait mon retour à la vie, en vous annonçant à quel prix je l'avais recouvrée? Je n'en eus pas le courage, et ne m'occupai dès-lors qu'à justifier à mes propres yeux mon déplorable amour.

« L'innocence n'est pas la vertu, m'avez-vous dit souvent, mais les combats qu'elle soutient en ont quelquefois le mérite. » Le ciel m'est témoin des efforts que j'ai tentés, des secours que j'ai cherchés aux pieds des autels, et j'ose croire que, s'il eût condamné mon amour, il ne m'eût point arrachée au trépas qui pouvait seul m'en délivrer.

Cette passion dont le germe était renfermé dans mon cœur, sans Anatole y fût restée stérile : s'il ne m'avait aimée, qu'eussé-je fait au monde ?....

Le prêtre que vous avez consulté a

besoin, pour lever l'obstacle religieux qui s'oppose à notre hymen, que vous le déclariez indispensable, et c'est moi que vous interrogez sur la réponse que vous devez lui faire !.. O la meilleure des mères, si cette union n'était nécessaire qu'à ma vie, à celle d'Anatole, je ne croirais pas que vous pussiez faire le serment que l'on exige de vous; mais ma tante m'a expliqué toute la valeur, toute l'étendue de ce mot *indispensable*, et j'en dois prendre sur moi la coupable responsabilité : puissiez-vous ne pas cesser d'aimer votre fille, en cessant de l'estimer; et pour me pardonner l'aveu auquel je me condamne, ne cherchez pas à en pénétrer le déplorable mystère.

De quelle punition n'est-il pas déjà suivi, puisqu'il retient sur mes lèvres l'expression de tous les sentimens de respect, d'obéissance et d'amour dont j'avais tant de plaisir autrefois à vous donner l'assurance!

LETTRE LXVII.

ANATOLE A CHARLES.

D'Orléans, ... 1786.

Je suis tes conseils, mon ami, je m'occupe, je travaille, et je cherche à faire diversion, par l'étude, à cette ardeur corrosive qui s'attache à moi comme la robe de Nessus. Je me dis avec toi, qu'en m'élevant à la contemplation des hautes vérités philosophiques, en tenant mon attention tendue sur les méditations les plus abstraites, je fatiguerai mon esprit, et que la lassitude de ma pensée usera peut-être cette fièvre ardente qui me consume.

Dans cette retraite studieuse, où tu es venu m'installer, où je dispose d'une des plus riches bibliothèques de l'Europe, je suis déjà parvenu à courber des heures entières mon attention sur cet amas de livres que je suis obligé de consulter pour établir les bases de mon travail. Ce n'est point pour la gloire dont je suis désanchanté, ce n'est point pour l'avenir auquel je renonce, que je me donne une tâche à remplir sur la terre; c'est pour justifier, à mes propres yeux, le scepticisme où je me réfugie; c'est pour échapper, aussi long-temps qu'il me sera possible, à la conviction qui me presse d'une aveugle fatalité à laquelle le monde est soumis, et dont je suis un des plus déplorables exemples. Si je voulais flatter les hommes, je ne serais pas embarrassé de les séduire par des paradoxes, et je trouverais aussi facilement qu'un autre à opposer des sophismes consolateurs à des raisons désespérantes; mais dans la sévère impartialité de mes jugemens, sans acception d'intérêt, de vœux, d'espérance, je cherche la vérité, au risque de la maudire après l'avoir trouvée.

De l'homme et de sa véritable destination. Ce titre t'indique clairement le but et la première pensée de mon ouvrage : à moins de retomber dans cette théorie du hasard, que tu repousses peut-être avec plus d'amertume que de réflexion, on doit reconnaître que l'être qui se qualifie lui-même de raisonnable, a été jeté sur ce globe dans une vue quelconque, pour remplir certains devoirs et arriver à certaine fin.

J'admets ce principe dans toute sa rigueur, et pour arriver à la solution du problème qu'il me présente, j'interroge toutes les classes de la société. Quelle incohérence dans les réponses ! Je m'adresse à ce prêtre : « La destination de l'homme est d'être moine, et le monde est une confrérie de capucins. — Commentez Ulpien, me dit un autre homme en robe; l'étude de la jurisprudence est le plus noble emploi de la vie. » A entendre ce poëte, ce peintre, ce musicien, nous ne sommes ici-bas que pour arranger des mots, imiter des formes, ou combiner des sons : ainsi, la faiblesse de nos intelligences s'agite péniblement dans l'atmosphère épaisse des préjugés, où elles s'enfoncent de tout le poids d'une stupidité héréditaire, et nous mourons de fatigue comme l'écureuil dans sa cage, après avoir long-temps couru sans avancer d'un pas.

Quel est, en dernière analyse, le résultat de cet amas indigeste de lois, d'institutions qui régissent les sociétés humaines? Et quelle destination morale peut-on supposer à ces troupeaux d'esclaves, couverts de haillons ou d'oripeaux, et gouvernés d'un bout de la terre à l'autre, par la peur du bâton, du glaive ou du lacet? En tout pays la tyrannie des princes, l'insolente bassesse des grands, la servilité des peuples, le mépris de l'humanité, la perversion des droits et des devoirs est si complète, si évidente, que le moraliste qui croirait pouvoir en prédire le terme ou seulement en prévenir les derniers effets, passerait avec raison pour un insensé.

Dis-moi, mon ami, qui pourrait contempler sans effroi cet immense champ que l'on appelle le monde, où quelques vautours planent sur leurs proies saignantes, dont ils se partagent les lambeaux? Partout la vertu sans asile, la vérité sans organe, la faiblesse sans appui, tendant la gorge au crime tout-puissant; partout le vice honoré, l'erreur en crédit, la force opprimant la justice.

Je le dis à regret, mais avec conviction, cette immoralité profonde est plus encore dans les institutions sociales que dans le caractère générique de notre espèce. Ce sont elles, en tout pays, qui prescrivent l'obéissance absolue aux volontés d'un despote imbécille ou sanguinaire; ce sont elles qui autorisent la vénalité, qui consacrent le parjure, qui étouffent dans le cœur de l'homme le sentiment de la pitié, seul don de la nature où l'on reconnaisse en lui l'empreinte d'une main divine.

L'homme paraît être porté au bien par les qualités de son ame, aux grandes pensées par la force de son esprit; mais en naissant il tombe sous le pouvoir d'un mauvais génie, fondateur des sociétés, qui se plaît à détruire, à corrompre l'œuvre d'un principe meilleur. L'homme est né bon, mais la société où il est destiné à vivre, roule dans un cercle d'esclavage, de vices et de souffrances, où il se dénature et se pervertit. Voilà tout mon livre.

P. S. Je n'ai pas encore de nouvelles

des Pyrénées, c'est de toi seul que j'en puis attendre, et tu sais tout ce que je donnerais pour un mot, un seul mot....

LETTRE LXVIII.

CHARLES A ANATOLE.

Champfleuri, 1786.

Je ferai aussi bien, je crois, de commencer ma lettre par le *post-scriptum :* lis donc vite, bien vite la lettre que renferme la mienne ; relis-la une seconde, une troisième fois, dévore ce papier des yeux, couvre-le de baisers et de larmes....

Maintenant que ton front s'est

éclairci, que ta poitrine s'est dilatée, et qu'un plus grand docteur que moi a porté le calme dans tes sens et dans ta pensée, je puis discuter un moment avec toi sur de tristes théories qui n'ont pas même le mérite de la nouveauté, comme il me sera facile de t'en convaincre par cette citation d'un philosophe de l'antiquité, à qui Diderot seul a rendu justice.

« Le sage, dit Sénèque, trouve partout des motifs de se courroucer. Va-t-il au Forum le matin ? il s'y rencontre avec des milliers d'hommes qui vont y porter des causes honteuses, lesquelles seront soutenues par des avocats plus vils encore que leur clients. L'un s'élève contre le testament de son père, au risque de prouver qu'il est indigne d'y être inscrit ; l'autre diffame sa mère; celui-là dénonce un crime qu'il a commis : ce juge, qui prononce sur une accusation de péculat, est plus coupable que ceux qu'il condamne; la plus mauvaise cause est gagnée, grâce à l'éloquence du plaideur. Il y a autant de vices que d'hommes sur la terre. Vous réputez sages ceux qui portent la toge! Détrompez-vous, chacun d'eux vit pour soi et cherche son intérêt aux dépens d'autrui : l'heureux est un objet d'envie; le puissant un objet de crainte; l'infortuné un objet de mépris. Le monde n'est qu'un immense cirque, où des animaux féroces, se disant raisonnables, s'observent, se trompent et se déchirent. Que dirai-je de nos guerres civiles, où les frères égorgent leurs frères; où l'on voit des familles divisées par les factions; des villes romaines incendiées par leurs propres citoyens; des proscrits réfugiés dans des cavernes; du poison jeté dans les fontaines publiques? Citerai-je tant de tyrannies épouvantables, tant de morts, tant de ruines méditées dans le secret des conseils des princes; tous les genres d'horreurs, de cruautés, de débauches devenus des titres de gloire et de triomphe? »

Mais après cette longue énumération de crimes et de folies, sais-tu, mon cher Anatole, ce qu'ajoute notre philosophe : « Si le sage l'est assez peu pour se mettre en courroux contre tout ce qui blesse sa raison, où s'arrêtera sa colère? dans la fureur, dans le délire? Non; il est injuste, dangereux, il est inutile de se fâcher contre des maux inévitables. Héraclite, pleurant sans cesse sur les vices des hommes, en était le plus malheureux et le plus fou. Le vrai philosophe accepte sans murmure les conditions inévitables de l'existence : pour lui les hommes sont des malades qu'il traite avec douceur; il étudie leurs maux et cherche à les soulager ne pouvant les guérir. »

Pardon, mon ami, si j'ai mis en avant le vieux Sénèque pour me dispenser de répondre plus directement à tes argumens qui ne sont après tout que des passions, et à tes sentimens que tu prends pour des idées.

Qui! moi ? que je soutienne, dans toutes les règles de l'école, une thèse sur le manichéisme? Non ferai-je, en vérité, du moins aussi long-temps qu'*elle* sera loin de toi; il est vrai que lorsqu'elle sera de retour, cette doctrine de la domination d'un principe pervers se trouvera tout naturellement réfutée dans ton cœur. Mais Oromaze, à son tour, triomphera trop facilement d'Arimane, et tu me soutiendras alors que tout est *au mieux*, dans le même monde où tu crois aujourd'hui que tout marche à la diable. C'est à toi particulièrement que Montaigne a dit : *A qui il pleut sur la tête, l'Univers semble en orage. L'absolutisme*, Anatole, a toujours été le partage de ces esprits *excessifs* (je ne trouve pas d'autre mot pour rendre mon idée), qui portent dans leurs rêveries systématiques toute la fureur de leurs passions forcenées. Que le vice et le malheur occupent une grande place dans ce monde, c'est une vérité de fait, qui n'est susceptible d'aucune controverse sérieuse; mais que le mal règne souverainement, que son culte soit la base de toute société humaine, c'est ce qu'on ne peut soutenir que dans un accès de fièvre chaude.

Cependant, si je dépouille un moment ta pensée de tout ce qu'elle a de personnel, je vois que le temps où nous vivons est moins propre que tout autre à en favoriser le développement. Toujours des plaintes, mon ami; quoi! le siècle où nous vivons n'a-t-il pas ses qualités, ses vertus et sa gloire?

Tu le sais, toutes les puissances ont leurs courtisans et leurs ennemis; un siècle est aussi une puissance! Tandis que les éloges outrés et les censures amères éclatent de toutes parts, je me retire, comme Montaigne, *hors de la presse*, et je change ma qualité de contemporain contre celle d'observateur impartial : je me fais homme de postérité; j'essaie d'exercer sur les mœurs de mon temps une justice semblable à la terrible équité de l'avenir, et je m'efforce d'échapper aux influences qui m'environnent; pour me consoler du mal qui se fait, je vois le bien qui se prépare, et je jouis d'avance de l'ombrage de l'arbre que je vois planter.

Comment n'es-tu pas frappé, mon ami, de cette tendance universelle qui nous emporte hors de l'orbite politique, où la force d'inertie nous retient depuis si long-temps?

La révolution des idées est faite; elle entraîne nécessairement celle des choses, et nous sommes assez jeunes l'un et l'autre pour la voir s'accomplir.

Il y a, dans le cœur de la société, un principe d'irritation, un ferment intérieur qui se révèle comme les tremblemens de terre, par je ne sais quelles chaudes exhalaisons qui chargent insensiblement l'atmosphère qu'elles finiront par embraser. Ou toutes mes observations me trompent, Anatole, ou nous touchons à une crise terrible dont j'oserais presque annoncer les résultats..... Cette civilisation dont nous sommes si fiers, tient encore à la barbarie par des racines bien profondes; mais n'avons-nous pas vu récemment ce peuple américain, que l'on croyait sans ressources pour la gloire et pour la liberté, arborer à son berceau l'étendard de l'indépendance, et prendre, après cinq ans de combats, le premier rang parmi les nations du globe, si la liberté, la richesse et le bonheur règlent entre elles le droit de prééminence ?

Mon ami, crois-moi, le jour approche; un grand enfantement se prépare; les idées, les observations, l'expérience des siècles ne se sont pas accumulées en vain; grâce à l'imprimerie, les malheurs, les fautes, les exemples de nos pères n'auront point été perdus pour leurs enfans; la force des préjugés, l'orgueil des privilèges doit céder à cette puissance; elle est irrésistible, elle est vivante : encore quelques années et Ninive sera détruite. Mais comme le monde, bouleversé par le déluge, dut renaître fécondé par le limon que les eaux déposèrent à sa surface, j'oserais prédire aussi que l'Europe se relèvera plus belle, plus jeune, de cette catastrophe, dont Voltaire, Rousseau et Montesquieu ont découvert avant moi les premiers symptômes. Pourquoi faut-il que nulle amélioration sociale ne puisse se faire qu'aux dépens des générations qui l'entreprennent! Anatole, nous ne nous reposerons pas sous le feuillage de l'arbre que nos pères ont planté; peut-être même notre sang arrosera-t-il ses racines, mais nos neveux en recueilleront les fruits, et cela même est un bien dont je puis, au besoin, *m'escompter* la jouissance. Tu te récries sur le marivaudage de cette expression, et tu remarques très-judicieusement que La Fontaine a dit la même chose en beaucoup meilleurs termes.

L'affaire est conclue en mon nom;

je suis, ou plutôt nous sommes possesseurs, depuis hier, du château des *Bruyères*.

Nous y avions été passer deux jours, la semaine dernière, avec M. d'Amercour et sa fille; Pauline m'a fait les honneurs du *donjon* paternel avec une grâce infinie, et nous avons été ensemble rendre visite à la nourrice de Cécile, dont la petite ferme dépend, comme tu le sais, du domaine dont te voilà seigneur suzerain, moyennant quatre-vingt mille francs. M. d'Amercour est dans la joie de son ame d'avoir enfin trouvé un acquéreur pour ce petit royaume des Bruyères, où il n'avait pas mis le pied depuis dix ans. Tu pourras faire du manichéisme tout à ton aise, si le cœur t'en dit encore, quand tu viendras l'habiter : je défie tous les Prévôt, tous les Baculard du monde, d'imaginer quelque chose de plus romantique que ce vieux castel, bâti du temps de Louis XI pour le moins, au milieu d'un étang où des milliers de grenouilles ont élu leur domicile, et dans un pays où tous les sangliers de la terre se sont, je crois, donné rendez-vous. N'importe; *hoc erat in votis....*

Cette acquisition m'a presque allié à la famille de M. d'Amercour, et me met en communication journalière avec celle de Beauvoir. J'ai un prétexte naturel pour me fixer dans ce pays, en attendant que madame de Neuville m'en fournisse un meilleur. Surcroît d'agrément et de convenance! la nourrice m'a appris confidentiellement qu'il revenait des esprits au château des *Bruyères* ; j'espère bien que nous ne leur ferons pas peur.

Adieu, je vais demain à Blois pour y passer notre contrat.

P. S. Tu me diras, quelque jour, pourquoi ce vieux château a tant de charmes pour toi. C'est une confidence que tu ne m'as pas encore faite.

LETTRE LIX.

CÉCILE A PAULINE.

Barèges, 1787.

Qui l'eût dit, Pauline, il y a trois ans, lorsqu'assises sur le pied de mon lit dans le dortoir de Laguiche, nous nous promettions avec tant d'assurance de ne jamais nous séparer, que je dusse sitôt manquer à notre parole!.. Mon corps est bien malade, mon ame est bien triste, Pauline; mais peut-être la douleur la plus vive que j'éprouve naît-elle de l'impossibilité de m'en entretenir avec toi.... Pourquoi t'affliger ? tu connais le fond de mon cœur, et je n'ai plus rien à t'apprendre....

J'ai traversé bien des pays pour arriver dans la solitude sauvage que j'habite près de Barèges, avec ma tante, la meilleure, la plus aimable et la plus indulgente des femmes. Si tu savais, Pauline, tout ce que je lui dois d'amour et de reconnaissance !... Vivrai-je assez pour m'acquitter ? Les eaux de Barèges sont beaucoup moins à la mode cette année que celles de Bagnères, tous les malades comme il faut se sont portés sur ce dernier point, et cette raison n'a pas peu contribué à nous fixer à Barèges. Nous y sommes presque seules, ou du moins le petit nombre de personnes qui s'y trouvent paraissent décidées à vivre ainsi que nous dans la retraite la plus profonde. Nous n'avons fait ni reçu aucune des visites d'usage ; et comme dans nos promenades nous cherchons toujours les lieux les moins fréquentés, il est exact de dire que depuis cinq jours que nous sommes ici, je n'ai pas encore entrevu un seul des étrangers qui habitent avec nous ce vaste souterrain.

Depuis que je suis au pied des Pyrénées, j'ai découvert que la nature, en me faisant naître dans un pays de plaine, avait trompé ma destination. Combien je me plais au sein de ces montagnes, sur le penchant de ces abîmes, dans la profondeur de ces vallées, dont l'image éloignée m'aurait autrefois glacée d'épouvante ! Pourquoi cette contradiction entre mes penchans et mon caractère, entre mes goûts et mes habitudes? Je pleure, je rougis, Pauline, et j'entends ta réponse....

Cette lettre, ma bien chère amie, est la seule que tu recevras de moi pendant mon absence. Le silence auquel je me condamne ne te surprendra pas; les tendres épanchemens de l'enfance ont aussi leur mystère, et je sais que mes lettres ne sauraient te parvenir sans passer sous des regards étrangers; peut-être même n'est-il pas sûr que celle-ci leur échappe. Aussi chaque ligne porte-t-elle l'empreinte de la crainte qui me préoccupe. Adieu, Pauline. Ton amitié faisait autrefois le charme de ma vie, elle en est aujourd'hui la consolation.

LETTRE LXX.

ANATOLE A CÉCILE.

Orléans, 1787.

Ah! Cécile, comment te peindre mon bonheur, mon ivresse en recevant ta première lettre des Pyrénées? j'en avais tant besoin! . . . . c'est hâter un doux moment que de s'en occuper. Quelque empressé que je fusse de l'ouvrir, je ne me sentais pas assez fort pour augmenter l'émotion qui s'était emparée de moi. Je tins quelques momens mes yeux attachés sur l'adresse;

j'en baisai l'un après l'autre les caractères, pour rien au monde je n'aurais voulu rompre le cachet où sont gravées les cinq lettres A. T. P. L. V. dont seuls nous avons le secret : avec quel soin j'ai détaché cette adorable empreinte !

Enfin je te lis, je t'entends, je te vois.... Si je pouvais douter qu'une même étoile présidât à notre destinée, une circonstance de ton voyage, dont tu me rends compte à la fin de ta lettre, suffirait pour m'en convaincre : pourrais-tu croire, Cécile, que ce soit le hasard qui t'ait conduite à Barèges dans la même maison où je me trouvai avec ma mère il y a aujourd'hui même dix ans ? Je vois ta surprise... interroge ma sœur, elle se rappellera ce voyage de Barèges où j'accompagnai ma mère, et à la suite duquel je m'embarquai pour l'Amérique..

Hélas ! je ne devais plus la revoir !... Oui, Cécile, nous logions au pied du pic de Saint-Justin, dans la maison d'un gardien de la ville ; un perron de cinq ou six marches, trois croisées de face, un balcon de pierre, une petite terrasse entourée d'une balustrade en bois ; c'est bien cela, n'est-il pas vrai? Je parierais que tu occupes ma chambre, celle qui donne sur le gave ; regarde bien : si la même maison subsiste encore, tu trouveras sur le morceau de verre étamé, qu'on appelle une glace, au-dessus de la cheminée en marbre rayé du pays, ces mots que je me souviens d'y avoir gravés avec une épingle à tête de diamant : *Anatole et sa mère* (juillet 1776).

Conçois-tu mon bonheur de pouvoir à tout moment me transporter auprès de toi par la pensée; de te suivre à chaque pas dans les lieux qui me sont connus?

Il est onze heures du soir : tu sors de la chambre d'Emilie pour entrer dans la tienne; tu t'assieds à un petit secrétaire au pied du lit ; il doit y être encore, car il n'y a pas dans *notre* chambre une autre place pour ce meuble; tu relis ma dernière lettre, les larmes roulent dans tes yeux; tu ne distingues plus les caractères, qu'importe? chaque ligne n'exprime-t-elle pas la même pensée? Je t'aime, je t'adore, je meurs de ton absence....

J'ai suivi les conseils de Charles et les tiens, mon bon ange; j'ai mis entre cet odieux comte de Montford et moi assez de distance pour ne pas craindre de le rencontrer; la seule pensée de cet homme fait bouillonner mon sang!

Non, la terre ne nous portera pas longtemps tous les deux...

Après avoir écrit à ta mère que j'allais faire un voyage à Paris pour y terminer les affaires de madame de Neuville, j'ai été me claquemurer à Orléans chez mon vieux professeur de philosophie : Charles m'annonce que je n'y ferai pas un long séjour. Où vais-je ? C'est un secret que t'apprendra la date de ma première lettre ; qu'il te suffise de savoir aujourd'hui, ma Cécile, que le même Dieu qui nous rassemble à Barèges, nous réunit plus délicieusement encore dans la solitude où je vais avec toi attendre ton retour ! ton retour !... Ma bien-aimée, te sentir, là.... sur mon cœur ? crois-tu qu'on ne meurt pas de joie ?... Il y a des momens où j'ai peur que ma raison ne s'éteigne, où ma pensée, mes sens, tout moi se révolte contre la triste réalité qui m'assiége ; je ne puis croire à ton éloignement, Cécile ; il est impossible qu'on nous ait séparés, puisque tu vis, puisque je respire ; non, tu ne m'as pas quitté, tu vas venir, je t'attends, et chaque pulsation de mon cœur est une volupté... Mais bientôt l'illusion se dissipe et mon fantôme adoré s'évanouit. Hélas ! on est éveillé quand on raconte son rêve....

Tu ne me parles pas de ta santé, et je n'ose t'en parler moi-même ; quel est donc ce sentiment dénaturé qui me ferme la bouche ! Adieu, moitié de ma vie ; je mens, Cécile, ma vie est en toi tout entière, et pour en retrouver l'étincelle, je me réfugie dans ton propre cœur.

Ma sœur verra ma lettre, et n'y

trouvera pas un seul mot pour elle; mais elle jettera les yeux sur toi, et toute mon ame lui sera révélée; elle saura de quelle admiration, de quelle amitié, de quelle reconnaissance je paie ses bienfaits.

LETTRE LXXI.

ANATOLE A CHARLES.

Orléans, 1787.

Je ne le nie point, Charles ; *sa* lettre et quelques lignes de la tienne ont eu plus d'influence sur les variations de ma pensée que tous les argumens de Sénèque et de la raison ; mais ne puis-je pas y trouver une preuve de plus de la triste condition des hommes ? Qu'est-ce, après tout, que cette raison soumise elle-même à tous les caprices des passions qu'elle condamne ?

Je sens, ou du moins je crois sentir en ce moment que les hommes ne sont pas aussi méchans que je le disais; mais sont-ils moins malheureux? Nés pour connaître la vertu, pour l'aimer, pour la suivre, un instinct fatal les pousse sans cesse à s'armer contre elle; toujours en lutte avec eux-mêmes et en contradiction avec leur conscience, trompés dans leurs vœux innocens, fatigués de leurs désirs coupables, désabusés de toutes leurs espérances, imagine, si tu peux, dans les enfers qu'ont inventé les hommes, un supplice comparable à celui de l'existence humaine.

Quelle est, quelle peut être l'intention d'une intelligence supposée bonne, toute-puissante, éternelle, et qui condamne des millions de générations à l'inconcevable torture de l'existence telle que ton Dieu l'a faite ? Ne vois-tu pas que la dissonnance des principes et des actions, des obligations et des devoirs, des vérités et des croyances, est partout établie ; qu'en tous temps, en tous lieux, la plainte est le plus large tribut que le ciel obtienne de nous et la part la plus sincère de notre dévotion ?

Tout ce que je puis faire pour toi et pour Sénèque, qui est à cet égard beaucoup moins exigeant que toi, c'est de reconnaître dans l'homme un principe, si tu veux même un instinct moral, qui lui indique ce qui est bon, qui l'avertit de ce qui est bien, et dont il peut se servir comme d'une pierre de touche pour apprécier ses actions après qu'elles sont commises ; c'est un flambeau qui s'allume par l'effet même de sa chute, et qui ne lui rend d'autre service que de lui en montrer la profondeur. N'est-il pas évident que la raison n'a été donnée à l'homme que pour lui faire sentir tout le malheur de sa condition? Penses-tu qu'il doive être bien satisfait de ce privilége qu'il a sur la brute, et qui ne consiste qu'à prévoir des maux inévitables, et ne vaut-il pas mieux, dis-moi, douter de la Providence, que de la rendre responsable de toutes les erreurs, de toutes les extravagances de la nature?

« Pourquoi, me diras-tu avec Montaigne, reprocher à la nature le malaise de notre position, lorsqu'elle nous offre à toute heure, en tout lieu, le moyen de nous y soustraire. Tu souffres, ajoute-t-il, ne t'en prends qu'à ta lâcheté! pour mourir, il ne faut que vouloir. »

Ainsi, pour prouver que la vie est un bien, on se contente d'observer que les hommes ont peur de la mort; c'est prouver tout au plus que la mort est aussi un mal, et que l'espérance qui nous enchaîne à la vie est le plus funeste présent que la nature aît fait à l'homme, puisqu'elle l'empêche de mourir.

Me vantera-t-on la bonté d'un Créateur qui mêla de quelques instans de plaisir ces longues années de douleurs auxquelles il nous condamne? J'aimerais autant qu'on me fît l'éloge de ce tyran cruel qui faisait avaler quelques gouttes de liqueur spiritueuse à sa victime, pour l'empêcher de s'évanouir dans les tortures.

Le Créateur de cet aimable monde a doué l'homme, dans son inépuisable bonté, de mille fois plus de maux que n'en connaissent toutes les espèces d'animaux prises ensemble, et pour comble de bienfaits, il lui a fait cadeau de la prévoyance qui les lui fait craindre alors qu'ils n'existent pas, de l'imagination qui les augmente quand ils existent, et du souvenir qui les lui retrace quand ils ne sont plus. Grâce soit rendue à ta Providence !

Te charges-tu de m'expliquer cette énigme? Des êtres sensibles, raisonnables, sont réunis dans un enclos, comme des moutons dans un parc; ils y sont en proie à toutes les privations, à toutes les inquiétudes, à toutes les souffrances : la porte est ouverte, et personne ne sort.

Je passe en revue les sophismes au moyen desquels on essaie, depuis quarante siècles, de nous réconcilier avec l'existence. « On est heureux quand on croit l'être. » Que signifie cet aphorisme si souvent répété? Veut-on dire qu'on est heureux quand on est heureux? c'est une niaiserie digne de M. de la Palisse. Entend-on que notre bonheur dépend de notre volonté? c'est une absurdité. Dépend-il de ce misérable qu'un ulcère dévore, dont on scie les membres gangrénés, de se faire une jouissance de ses affreuses douleurs? Dépend-il de l'homme sensible et vertueux de rester indifférent à la trahison d'un ami, à la perfidie d'une maîtresse, à l'ingratitude de ses enfans? Non, ma volonté n'a d'influence ni sur mes sensations ni sur mes sentimens, et tous les efforts de la philosophie ne parviendront jamais à détruire des maux qu'elle m'apprendra tout au plus à supporter.

Si tu ne veux pas convenir que le gouvernement de notre misérable planète est tombé aux mains d'Arimane, tu avoueras du moins que ton Oromaze a le sommeil bien dur, où qu'il abandonne au hasard le soin d'un monde qui tient trop peu de place dans la création pour être digne de sa surveillance. *Magna Dii curant, parva negligunt*, disait le stoïcien Balbus; dans mes jours d'indulgence, je suis de son avis.

Il ne tiendrait qu'à moi d'être aujourd'hui tout-à-fait du tien. Je suis si heureux de l'acquisition que tu viens de faire, et de l'asile que tu me donnes au château des Bruyères! la lettre de Cécile m'a fait tant de bien, que je veux prendre pour réel et durable le calme enchanté dont je jouis, et qu'un moment de réflexion ferait disparaître. Chez moi, le cœur ramène toujours la pensée à sa dépendance ; c'est dans cet esprit que je me remets au travail, et que je commence un chapitre sur les *compensations*, où je prends ces mots pour épigraphe : « Il est des momens qui peuvent avoir le prix d'un siècle, comme une pierre précieuse peut renfermer, sous un très-petit volume, la valeur d'un royaume. »

Je ne manquerai pas de placer, comme mémoire, dans ce chapitre, ta prédiction du grand enfantement qui se prépare, et d'où naîtra une France nouvelle, libre du joug des préjugés et des priviléges, où règneront fraternellement la liberté, la gloire et la justice; je dirai, si tu veux, que cette terre régénérée sera habitée par un peuple de héros et de sages, heureux sous l'empire des lois qu'ils se seront données à eux-mêmes, et qu'il ne sera permis à aucun citoyen, tout puissant qu'il soit, d'enfreindre impunément. Je dirai toutes ces belles choses, Charles, mais je te rendrai responsable de l'événement.

✿

LETTRE LXXII.

CHARLES A ANATOLE.

Champfleury, 1787.

VOILA donc tout ce que tu peux faire pour nous! L'effort est magnanime, en vérité; je ne te conseille cependant pas de faire sonner si haut ta conversion; Cécile n'en serait pas satisfaite, je t'en préviens. De manichéen tu te fais athée; j'aimerais encore mieux te voir élever des autels au diable, que de t'entendre soutenir cette déplorable doctrine du hasard qui gouverne et conserve l'œuvre de l'intelligence. Hâte-toi, mon ami, d'abandonner un système aride, au fond duquel tu ne saurais jamais trouver qu'erreurs, inconséquences et néant. Que signifient ces plaintes éternelles contre la Providence, que l'on accuse et que l'on nie tout à la fois, sinon l'orgueil de ces ames vagabondes, si j'ose parler ainsi, qui, se trouvant à l'étroit dans les bornes de l'humanité, essaient en vain d'en franchir les limites, et demandent à l'auteur de toutes choses un secret qu'il ne saurait leur révéler sans les faire participer à sa propre essence?

L'homme est l'instrument de ses propres misères; doué de tant de moyens de jouissance, par quelle injustice accuse-t-il la Providence de la liberté qu'elle lui laisse de faire servir à son supplice l'intérêt de conservation dont elle l'a pourvu? N'a-t-il pas, comme moyens de bonheur, la raison, la prévoyance, la mémoire? N'a-t-il pas la liberté de choisir? Tous les élémens de sa félicité sont à sa disposition ; s'il les emploie sans règle, sans mesure, sans proportion, s'il tarit en quelques jours une source de richesses qui devait suffire à ses besoins d'un siècle, qu'il ne s'en prenne qu'à lui des maux qu'il se fait et dont le ciel avait voulu le garantir.

Mon cher Anatole, en fait de passions, l'homme très-sage et l'homme très-fou en sont pour l'ordinaire exempts : c'est dans la moyenne région que se forment les orages. Tu avais tout juste ce qu'il faut de raison et de folie pour vivre au milieu des tempêtes, et jusqu'ici tu n'as pas manqué à ta destinée. Mais une nouvelle carrière s'ouvre devant toi! Instruit par le naufrage, éclairé par l'expérience, tu te crois en droit d'instruire les hommes et de leur faire connaître leur véritable destination. Pour commencer une pareille tâche, peut-être aurait-il été prudent d'attendre que ton cœur, plus calme, fût plus désintéressé dans cette grande question; n'importe, tu as l'esprit juste, l'argument irrésistible, et c'est pour n'être pas forcé d'en admettre les conséquences, que je commence par nier le principe destructeur sur lequel tu prétends les appuyer.

La Providence est le nom de baptême du hasard; cette boutade philosophique, ou plutôt anti-philosophique d'une femme de beaucoup d'esprit, réduit à son expression la plus simple la proposition dont tu fais la base de ton système. Ainsi, mon ami, tu t'obstinerais à ne pas voir que tout s'enchaîne dans la nature comme dans un bon raisonnement, que ce qui arrive est une conséquence nécessaire de ce qui est arrivé, et le résultat infaillible d'un accord inviolable, dont la cause première est évidemment une intelligence suprême, unique et bienfaisante.

Pour peu que tu sois content de la prochaine lettre des Pyrénées, je m'attends, de ta part, à une concession nouvelle, que je n'accepterai pas, je dois t'en prévenir. Tu conviendras qu'il existe une Providence générale; mais tu soutiendras encore qu'elle ne s'étend pas aux individus. A ce sujet, je ne te ferai pas le reproche que Calchidias adressait à Aristote, de croire que la Providence ne s'étendait pas au-dessous de la lune, car tu sais fort bien que la lune, par rapport à la terre, n'a ni dessus ni dessous, et qu'il serait par trop ridicule de supposer que la force expansive de la Providence vint expirer à quatre-vingt-trois mille lieues de notre chétive planète. Je te prêterai une objection plus raisonnable : il y a du mal sur la terre ; ce mal ne peut être l'ouvrage de la Providence : donc la Providence, qui a la direction générale de l'univers, ne s'occupe pas des choses humaines. Tu peux presser cette objection des épicuriens de toute la force de Lucrèce; me montrer les rochers inaccessibles, les déserts sauvages, les poisons, les débordemens, les tempêtes, les monstres des forêts et des villes, je te répondrai, avec Bayle, que Dieu a établi dans l'univers des lois générales, suivant lesquelles toutes les choses particulières, sans aucune exception, ont leur usage propre, et qu'il ne couviendrait ni à sa justice ni à sa Providence de déroger à ces règles genérales par de perpétuelles exceptions. L'*Essai sur l'Homme*, de Pope, n'est que le développement de cette vérité fondamentale, dont le plus simple examen conduit à reconnaître :

« Un Dieu sage dont l'immuable volonté est un immuable attachement à l'ordre dont il est l'auteur ;

» Un Dieu bon qui a doté ses créatures de tous les biens particuliers qui se concilient avec le bien-être universel ;

» Un Dieu juste qui rémunère et punit, dans un autre ordre de choses, les actions qu'il est forcé de laisser, dans celui-ci, sans punition ou sans récompense;

» En un mot un Dieu dont la toute-puissance ne s'arrête qu'à l'absurde, c'est-à-dire à l'impossibilité de faire le mal qui répugne à son essence. »

Tel est, mon ami, le Dieu que la raison et la conscience du genre humain proclament d'un bout du monde à l'autre; tel est le Dieu qu'*il faudrait inventer s'il n'existait pas :* je t'ai si souvent entendu confesser cette doctrine dans nos entretiens particuliers, que tu ne pourrais, sans crime, y renoncer dans un ouvrage dogmatique auquel le prestige d'un beau talent et d'un esprit supérieur peut donner une haute influence.

Je sais combien les philosophes anciens, les pères de la nouvelle Eglise et quelques philosophes modernes, ont entassé d'argumens, de déclamations et de sophismes, pour obscurcir et dénaturer, en l'analysant, cette question du mal physique, du mal moral et de la mort, entrant comme élémens indispensables dans l'œuvre de Dieu; je ne dispute point avec les docteurs, j'interroge la nature et la raison, et je demande que deviendrait le monde sans le mélange des biens et des maux? Que serait la vertu sans le contraste du vice? Sans la conscience du juste et de l'injuste, Caton, Barnevelt, Malesherbes ne seraient-ils pas au même rang dans l'estime des hommes que Séjan, Jeffries et Laubardemont? Sans la mort que serait la vie? Réponds à ces questions, mon cher Anatole, dans le silence des passions, dont tu prends trop souvent conseil, et tu sentiras le besoin de reposer ta pensée sur le principe fécond d'une Providence éternelle.

Ce principe adopté, j'abandonne sans inquiétude à la justesse de ton esprit, à l'élévation de ton ame, et même aux écarts de ta brillante imagination, l'exécution d'un monument philosophique dont je n'ambitionne que l'honneur d'avoir posé la première pierre.

Assez de philosophie pour cette fois, et descendons à l'ignoble tracas des affaires terrestres. Je n'allongerai ma lettre que de quelques lignes : le contrat est signé ; nous sommes propriétaires du plus gothique manoir de France, et j'irai te chercher vendredi soir pour t'installer aux *Bruyères*, d'où je t'écris au milieu des ouvriers que j'ai amenés de Blois, ne fût-ce que pour nettoyer une ruche de chauve-souris dont tu ne manqueras pas de vouloir faire ta chambre à coucher, car c'est le seul point du château d'où l'on aperçoive la ferme.

Je ne te dis rien des habitans de Champfleury, sinon qu'Albert, au grand regret de Pauline, est parti pour Brest, où il va passer l'examen de M. Bezou; rien des habitans de Beauvoir, sinon que les conférences entre le comte de Montford et ton beau-frère se continuent, et qu'il est question d'une course qu'ils doivent faire ensemble à Chanteloup, et à laquelle je suppose un but particulier. Je te communiquerai mes soupçons; je ne suis pas content de la santé de madame de Clénord, et son médecin traite trop légèrement l'affection hépatique dont je la crois atteinte.

LETTRE LXXIII.

CÉCILE A ANATOLE.

Barèges, le.... 1787

Je les ai lus !... ils y sont encore; *Anatole et sa mère;* mais le prodige n'eût pas été complet; au-dessous de la même main, de cette main dont je reconnaîtrais la trace la plus légère imprimée sur le sable, 14 *juillet* 1776.... Et c'est dans ce même lieu, dans ce même mois, à ce même jour, que dix ans après.... Je tombe à genoux, je jette un cri, ma tante accourt... et je n'ai que la force, en lui montrant du doigt l'inscription, de répéter, en fondant en larmes : *Anatole et sa mère....*

Ah! mon ami, comment te peindre mon ravissement à la vue de ces caractères chéris! Mon cœur s'est rempli d'espoir, comme s'il y avait encore pour moi de l'espoir au monde!... Quelle réflexion dans un pareil moment! que je suis ingrate, Anatole! Et comment puis-je me plaindre d'une existence que je ne consentirais à changer pour aucune autre sur la terre! Mes idées s'étaient perdues dans l'immensité de ma douleur. Après un accablement extrême, n'est-ce pas renaître à l'espérance, au bonheur même, que de distinguer ce que je souffre, et pour qui je souffre!

Ne me gronde pas, mon ami, des idées incohérentes auxquelles je m'abandonné sans réflexion ; elles naissent du combat perpétuel de mon cœur et de ma raison ; songe que je veille dans les regrets, que je m'endors sur mes larmes. Nous nous reverrons, Anatole ; nous ne nous séparerons plus, jamais, n'est-ce pas ?... Ah ! si je puis vivre jusqu'à ce moment ; si je peux te revoir, il me semble que mes yeux ne pourront plus se détacher de dessus toi ; mon Dieu, que je t'aime !... et tu n'es plus là !.... Et moi, où suis-je ?...

J'avais passé les premiers jours depuis mon arrivée à cette petite fenêtre que vous connaissez, et dont la vue commande un paysage borné, mais borné par les Pyrénées. Je ne pleurais plus, je ne souffrais plus ; j'assistais à la dissolution de mon être. Votre première lettre, en réveillant mes douleurs, m'a rendue à la nature. Je me suis reproché, comme un acte d'égoïsme, l'indifférence avec laquelle je me sentais mourir. Une voix inconnue s'éleva dans mon sein, et me demanda compte de cette vie qui n'appartient plus à toi seul. Je sortis tout-à-coup de cet affreux engourdissement, et je promis à ma tante de reconnaître ses tendres soins, son adorable bonté, en sortant de cette inaction profonde, de ce silence perpétuel où j'étais ensevelie.

Madame de Neuville n'a point tardé à mettre mon obéissance à l'épreuve; elle a exigé que je parusse à *l'assemblée* où se réunissent matin et soir les personnages de la classe opulente, qui se trouvent à Barèges en beaucoup plus grand nombre que je ne l'avais cru d'abord. Comme elle avait pris la précaution de s'assurer que nous n'étions connues de personne, mon refus n'aurait pas eu d'excuse raisonnable ; je me laissai conduire.

Ne dois-je pas craindre, mon ami, de vous donner de moi une idée bien singulière, en vous faisant l'aveu que cette visite a fait un moment diversion à mes chagrins? Si je vous cachais une seule de mes pensées, un seul des mouvemens de mon esprit, j'éprouverais quelque difficulté à vous faire l'aveu que je n'ai pas été tout-à-fait insensible au murmure d'approbation qui s'est élevé dans la salle de réunion au moment où nous y avons paru : voilà ma faute, mais voici mon excuse ; le plaisir que j'éprouvais à m'entendre louer, avait sa source dans le besoin que j'ai d'être aimée d'Anatole, et de justifier son choix à mes propres yeux. Cette bienveillance générale, dont je me voyais entourée, me semblait un titre de plus à ton amour, et j'étais tentée de répondre ton nom à chaque mot que l'on m'adressait, tant il me paraissait impossible que l'on me parlât d'autre chose.

Ma tante, qui avait sans doute la plus grande part à tant d'hommages, ne me fit pas l'injustice de se méprendre sur l'espèce de plaisir qu'ils me procuraient, et n'arrêta un moment mon attention sur quelques hommes distingués par l'éclat de leur nom et l'élégance de leurs manières, que pour en prendre occasion de mesurer la distance qui les sépare de Charles et d'Anatole.

Quelques heures passées dans ce lieu

en ont fait disparaître le charme, et les attentions importunes de quelques jeunes gens nous en ont éloignées tout-à-fait ; ma tante elle-même n'a point tardé à se lasser de ce cercle où les plus inoffensifs se rendent pour tuer le temps, où l'inanité du cœur et de l'esprit vient s'étourdir, au milieu d'un bourdonnement sans fin et sans raison, dans un chaos de fatuités rivales, que votre sœur a si bien comparé à cette confusion d'insectes ailés que l'on aperçoit tourbillonnant dans un rayon du soleil.

La première fois que nous avons paru à l'assemblée, madame de Neuville y a fait l'heureuse rencontre d'une madame d'Houdetot dont vous avez sans doute entendu parler : cette dame, déjà avancée en âge, a pris ma tante dans une véritable affection : elles ne se quittent pas, et, comme sa maison est près de la nôtre, nous passons notre vie ensemble, et l'on ne nous voit plus dans aucune réunion publique.

Maintenant que ma tante connaît le nouveau motif que j'ai pour aimer ma chambre, elle ne répugne point à m'y laisser seule et me permet quelquefois d'en sortir avec un vieux montagnard que nous avons pris à notre service, pour aller visiter les sites gracieux et pittoresques que l'on trouve au sortir de Barèges en descendant vers la petite ville de Luz.

Dans ma dernière promenade, le hasard m'a conduite dans une chaumière où j'ai réalisé pour d'autres le bonheur dont nous ne jouirons jamais sur la terre. Je vous conterai cette aventure dans une autre lettre.

Si tu as ouvert celle-ci avec précaution, mon cher Anatole, tu auras pu y trouver une feuille d'une rose sauvage que j'ai cueillie sous ma fenêtre : en la couvrant de baisers, je me suis dit que nos ames étaient unies, comme les nuances si douces et si tendres de cette feuille de rose.

Adieu, mon cher Anatole; à toi pour la vie; je ne sais si c'est te dire pour long-temps, mais c'est du moins jusqu'au dernier battement de cœur de ta Cécile.

P. S. Ma santé se rétablit.... si je m'étais trompée.... si... Je frémis à cet espoir : ma tante ne le partage pas et je suis forcée de lui cacher la cause des larmes délicieuses que ses remarques me font répandre.

❀

LETTRE LXXIV.

ÉMILIE DE NEUVILLE A CHARLES D'ÉPIVAL.

Barèges, 1787.

Pourquoi vous écrirais-je plus souvent, mon tendre ami? Les lettres de Cécile, qu'Anatole ne manque pas de vous communiquer (à une seule circonstance près, dont je me vante avec modestie), vous disent en d'autres mots tout ce que j'aurais à vous répéter, que nous aimons, que nous souffrons de l'absence, que nous aspirons au retour, et qu'au milieu de tous nos chagrins, nous sommes, à tout prendre, peut-être les femmes les plus heureuses de la terre. Je regrette pourtant, quelquefois, de n'être pas venue ici dans une disposition d'esprit plus tranquille, vous y auriez gagné des lettres plus amusantes; la tête et le cœur plus libres, je vous aurais tracé quelques-uns de ces petits tableaux de chevalet, dont j'ai sous les yeux de très-piquans modèles. Mais lorsqu'un sentiment profond remplit l'ame, toute observation fatigue et déplaît, parce qu'en s'y livrant nous nous éloignons de la seule pensée que nous aimions à retrouver; parce que nous en voulons à tout ce qui nous empêche de nous rappeler à notre aise le dernier regard, le dernier mot du seul objet qui nous occupe. Tout modeste que vous êtes, mon ami, vous pourriez bien prendre ceci pour une déclaration, et je ne vois pas pourquoi je ne vous laisserais pas le maître d'en penser tout ce qu'il vous plaira. Au fait, j'ai pour vous tant d'estime, tant d'amitié, tant d'admiration, que je ne veux point disputer sur le nom qu'il convient de donner au sentiment que vous m'inspirez : appelez-le donc amour jusqu'à ce que vous ayez trouvé mieux ; j'adopterais ce mot avec plus de confiance, si nous n'avions l'un et l'autre sous les yeux l'exemple à jamais effrayant de la passion terrible à laquelle cette expression est réservée. Pauvre Cécile, adorable enfant, quel ravage l'amour a fait dans tout ton être!... « S'il est vrai, ma tante, me disait-elle hier, qu'on ne puisse être à la fois heureuse et sensible, qu'est-ce donc que

la vie? qu'est-ce donc que le bonheur? »
J'aurais bien voulu lui répondre qu'on pouvait être sensible sans faire à un autre le sacrifice de toutes ses facultés, de tous ses devoirs, de toutes ses vertus; mais je n'en ai pas eu le courage; et peut-être, mon ami, si j'ose l'avouer à vous seul, étais-je plus près d'envier son erreur que de la combattre.

Je conçois plus facilement que je ne pourrais l'expliquer, le changement qui s'est fait en elle; depuis que la certitude du péril a remplacé la menace, depuis qu'elle a placé toutes ses espérances dans l'objet même de ses craintes, Cécile est plus calme, et sa santé se fortifie de toutes les causes qui devraient l'altérer.

Nous avons été deux fois au cercle; et ce que vous aurez peine à croire, c'est qu'après y avoir été trouvé charmantes, après nous être vu entourées d'adorateurs, parmi lesquels on comptait deux altesses, quatre ou cinq *lordships*, et je ne sais combien d'excellences, nous sommes rentrées dans notre solitude avec la ferme résolution de n'en plus sortir. Le véritable motif de cette prompte retraite, c'est la sensation beaucoup trop vive qu'a produite l'apparition de Cécile dans une assemblée où les vices les plus illustres semblent, cette année, s'être donné rendez-vous. La santé est un prétexte qui excuse ici tous les caprices; moi qui ne sais pas l'art de m'imposer des privations réelles pour m'épargner des maux imaginaires, j'aurais eu plus de peine que Cécile à me retirer aussi précipitamment d'un monde élégant pour lequel j'ai toujours eu quelque faible, il faut bien en convenir, si le sentiment que j'ai pour vous ne m'en eût corrigée. Je n'ai plus de goût pour la société, parce que je ne veux maintenant y plaire à personne ; mais j'ai la tendresse injuste, je vous en préviens, et quand j'abjure toute espèce de coquetterie, j'exige que vous renonciez vous-même à tous les succès qui vous attendent dans le grand monde.

Songez, Messieurs, à ne pas nous donner de mauvais exemples ; la nature nous donne déjà d'assez mauvais conseils. Pour me confirmer dans ces honnêtes dispositions, ma bonne étoile m'a fait rencontrer ici madame d'Houdetot ; elle m'a prise dans une véritable passion, et nous nous sommes liées à la première vue : elle est déjà loin de la jeunesse, mais elle est si bonne, si douce, si affectueuse, de si nobles, de si intéressans souvenirs se rattachent à sa personne! J'ai fait avec elle mon cours de Rousseau, de Saint-Lambert, de Duclos, d'Helvétius, et grâce à cette bonne petite vieille, je sais maintenant mon dix-huitième siècle par cœur. Elle a vu briller et s'éteindre toutes les gloires littéraires de cette mémorable époque, et sa conversation me met à même de rectifier mes idées sur une foule de choses et de personnes, que j'appréciais avec les préjugés et les préventions dont j'étais imbue : je dois à sa franchise aimable un bien singulier aveu.

« Je n'ai jamais été, me dit-elle, ni jolie, ni même ce qu'on peut appeler spirituelle; mais j'étais tourmentée du désir de passer pour *l'une et l'autre*, et pour cela je n'ai rien trouvé de mieux que d'intéresser des hommes d'esprit à me faire la réputation que j'ambitionnais; le moyen de ne pas en croire Saint-Lambert, et surtout Rousseau, qui m'a immortalisée sous le nom d'une Julie avec laquelle je n'avais pas plus de ressemblance qu'il n'en avait lui-même avec Saint-Preux. »

J'ai soin de tenir note de toutes les confidences que me fait cette dame des anciens jours, et peut-être viendra-t-il un temps où nous pourrons en causer les pieds sur les chenets.

Aujourd'hui, c'est de nos propres aventures qu'il faut nous occuper, mon cher Charles (je deviens bien familière, comme vous voyez) : dans six semaines la saison des eaux expire, et nous aurons encore *besoin* de prolonger de *trois grands* mois notre voyage. Il faut, dès ce moment, préparer les esprits à recevoir cette nouvelle, et je ne connais pas de meilleur moyen, que de jeter, dès aujourd'hui, en avant, une légère alarme sur le retour de mes maux de nerfs, qui pourront fort bien, entendez-vous, m'obliger à passer l'hiver à Nice.

Je suis étonnée de n'avoir encore reçu qu'une lettre de ma sœur; ce n'est que par elle que je puis savoir ce qu'on dit, ce que l'on fait, ce que l'on médite à Beauvoir. M. de Clénord aurait-il renoncé à son projet de faire sa fille comtesse malgré elle? Le roi des fats se serait-il enfin aperçu qu'on a pour lui une aversion mortelle, et sa fierté, si fortement compromise, l'aurait-elle décidé à porter ailleurs des vœux que Cécile repousse aujourd'hui, plus que jamais, de toutes les forces de son cœur, de sa raison et de sa délicatesse?

Vous n'allez plus à Beauvoir, mais vous êtes en relation avec les habitans de Champfleury; ainsi vous pouvez faire jaser Albert et Pauline. Adieu, mon ami; je finis ma lettre comme je l'ai commencée : « Nous aimons, nous souffrons de l'absence, et nous aspirons au retour. »

LETTRE LXXV.

CÉCILE A ANATOLE.

Barèges, ... 1787.

Il y a dans la vallée de Bastan, en descendant vers Luz, un lieu que j'aime, d'où je vous écris, et que je veux vous faire connaître : votre pensée, mon ami, vous y transportera plus facilement, et je serai sûre qu'à l'avenir vous ne me chercherez pas ailleurs au coucher du soleil. Je suis assise sur un morceau de roc, au bas d'un sentier qui conduit par de nombreux détours au sommet d'une masse énorme de rochers qui surplombent, et dont la partie la plus élevée sert de base à une petite chapelle de saint Antoine, patron des bergers montagnards de ce canton; j'ai devant moi une portion de la vallée si étroite et si profonde, que la cime des arbustes dont elle est plantée, forme sous mes yeux un tapis de verdure et de fleurs qui, de la distance où je le vois, offre l'aspect d'une prairie émaillée. Le soleil qui s'abaisse en ce moment sur les montagnes, brise ses rayons à travers les nuages errans qui le couvrent, et colore les objets d'une variété de teintes qui les embellissent encore. Dans le lointain mon œil découvre de petites prairies parsemées d'arbustes, de rochers, de cabanes d'un effet ravissant; çà et là des hêtres d'une beauté admirable, des ifs noirs autour desquels se groupe d'une manière pittoresque cette belle gentiane aux fleurs jaunes, que nous avons tant de peine à acclimater dans nos jardins ; une foule d'accidens de terrain et de lumière, impossibles à décrire, ajoutent à l'enchantement du paysage ; quelques chèvres égarées semblent suspendues aux rochers voisins, tandis que des aigles planent au-dessus de leur cime.

C'est là, dans ce lieu solitaire, que je viens rêver à toi, mon bien, mon univers, ma vie ; hélas ! est-elle autre chose que cet amour qui me dévore ? Ton image chérie absorbe ma pensée quand je veille, et caresse mon ame dans mes songes ; c'est en toi que j'existe ; c'est en toi que je souffre, et je n'ai de douleurs que tes peines..... Que je suis bien ici, Anatole! Il y a je ne sais quel accord mystérieux entre ces beautés douces et terribles et l'état de mon ame; combien cette intimité avec la nature est consolante! . . . .

. . . .

Après avoir écrit ces derniers mots, j'étais restée un moment absorbée dans la contemplation de cette scène silencieuse, dont j'aurais craint d'interrompre le charme par le seul mouvement de ma pensée; un événement bien simple, en m'arrachant à cette douce extase, m'a forcé de quitter la plume, et c'est dans ma chambre que je termine, le même jour, à onze heures du soir, la lettre que j'ai commencée au pied de la chapelle du rocher.

Une petite fille, jolie et fraîche comme

les fleurs de ses montagnes, conduisait une chèvre ornée de rubans, qui bondissait sous la main de l'enfant : la chèvre s'échappe et vient se réfugier près de moi; j'interroge la petite et j'apprends qu'elle s'appelle Marie, et son père le bonhomme Lézer; qu'elle a une sœur qui doit se marier dans un mois, et que cette chèvre est le cadeau des fiançailles. « Elle est donc bien heureuse, votre sœur?—Tout au contraire, Mademoiselle; Émine, c'est comme ça qu'elle se nomme, pleure du matin au soir.—Et pourquoi pleure-t-elle?—Parce que c'est notre cousin Boson qu'elle aime, et que c'est à mon parrain Laourens qu'on la marie.—Il est riche votre parrain?—Oh! oui, Mademoiselle, il a un troupeau de cent bêtes, et Boson n'est qu'un pauvre vannier, quoiqu'il n'ait pas son pareil pour la chasse aux isards. »

Je continuai à questionner cette petite fille aux pieds nus, qui semblait elle-même sauvage et gracieuse comme l'animal léger qu'elle conduisait en laisse. Je m'intéressais surtout au sort d'Émine où je croyais trouver quelques rapports avec le mien. Marie me montra de loin la cabane paternelle où elle retournait; ce trajet ne m'éloignait pas d'un quart de lieue et la nuit était loin encore; je la suivis.

Près de la porte, sous un hêtre qui avait vu naître et mourir bien des générations, la mère de Marie filait au rouet, et la jeune fiancée, assise auprès d'elle, mouillait de ses larmes le chanvre dont elle entourait sa quenouille. La mère et la fille m'accueillirent avec une effusion de bienveillance que je n'ai pas souvent rencontrée dans le monde où j'ai vécu. Tandis qu'Émine me servait une tasse de crême que j'avais demandée, j'eus le temps d'observer la délicatesse de ses traits, l'élégante légèreté de sa taille et l'expression d'une physionomie charmante, qu'embellissaient encore les traces du chagrin profond dont elle portait l'empreinte : je ne lui cachai pas que j'en connaissais la cause, et j'interrogeai plus particulièrement sa mère sur les circonstances du mariage projeté où elle était contrainte. « On ne me contraint pas, interrompit vivement Émine, et c'est volontairement que j'épouse un homme qui fait le bonheur de mon père et de ma mère. — Il est bien vrai, reprit cette bonne femme, qu'Émine se sacrifie pour nous : nous sommes bien pauvres mon mari et moi, et Laourens, en épousant ma fille, nous donne une couple de belles vaches et cent écus comptant, avec lesquels nous voilà bien sûrs de ne manquer de rien dans nos vieux jours. — Mais elle en aime un autre? dis-je à la mère. — Hélas oui, et nous l'aimons tous : mais mon neveu Boson n'a pour lui que son adresse, son agilité et son courage, et lui-même a renoncé à la main d'Émine, depuis qu'il a eu connaissance des intentions du grand pasteur. — Boson, continua la jeune fiancée en versant un torrent de larmes, s'apprête à quitter le pays, il va s'engager et nous ne le reverrons jamais dans nos montagnes. — Prévenez-le de venir vous trouver demain ici, à pareille heure; je viendrai moi-même, et peut-être, en nous concertant ensemble, trouverons-nous le moyen de le retenir parmi vous. » La jeune fille, qui seule devinait ma pensée, s'est jetée sur ma main qu'elle baisait en sanglottant; sa mère me remerciait sans savoir de quoi, et je me suis éloignée de cette cabane, avec la douce espérance d'y ramener demain l'amour et le bonheur.

Vous apprendrez dans une autre lettre quel aura été le succès de ma seconde visite à la cabane du bonhomme Lézer....

Adieu pour ce soir, mon tendre ami; chaque fois que je quitte la plume, il me semble que je brise un des liens qui nous unissent.... Cependant je ne puis plus écrire, mes pleurs tombent sur ce papier: que j'envie son sort! Dans quelques jours, il sera entre tes mains.... tu pourras le presser sur ton cœur.... A toi, pour la vie, Anatole, pour la vie et par-delà.

LETTRE LXXVI.

LA MÊME AU MÊME.

Barèges, ... 1787.

J'ai été bien exacte, comme vous pouvez le croire, mon ami, au rendez-vous du lendemain, et je vous laisse à penser si j'y étais attendue avec impatience. Je m'étais fait précéder par deux belles vaches laitières et une chèvre, que je m'étais procurées dans la matinée, et que j'avais fait conduire à la cabane par mon vieux guide. Ma tante a voulu m'accompagner, et partager avec moi, de toute manière, le plaisir d'une bonne action.

Nous avons trouvé la famille assemblée sous le vieux hêtre, et je n'ai pas eu le temps de prévenir le premier mouvement de ces bonnes gens, qui sont venus se précipiter à mes genoux. Je me serais volontiers jetée aux leurs, pour les remercier du bonheur qu'ils me procuraient : « Embrassez-moi, leur dis-je en les relevant, et Dieu vous soit en aide, enfans de la vertu; vous avez donné au monde un grand exemple de piété filiale, le ciel vous en devait la récompense. — C'est Boson, Madame, » me dit Émine, en me présentant l'heureux jeune homme.... Tâchez de concevoir, mon cher Anatole, tout ce qu'il y avait d'amour, de félicité, de reconnaissance dans ces trois mots : « *C'est Boson, Madame.* » L'expression qu'elle mit à les prononcer, et qui fit tressaillir mon cœur, ne m'empêcha pas de remarquer, en rougissant, qu'elle m'avait donné le titre de *Madame*, tandis qu'à notre première entrevue, au déclin du jour, elle m'avait toujours appelée *Mademoiselle.*

Anatole, je ne puis plus cacher ma honte, et c'est dans ce lieu même que je devais m'en convaincre moi-même : au moment où je remettais à Émine la petite bourse de vingt-cinq louis que nous avons donnée aux jeunes gens pour dot, j'ai senti dans mon sein..... O supplice! ô bonheur!... Mon sang s'est tout-à-coup arrêté dans mes veines. J'ai prononcé votre nom, et je suis tombée sans connaissance dans les bras de ma tante, moins effrayée que ceux qui m'entouraient, d'un état où, depuis notre arrivée dans ce pays, elle m'a vue plusieurs fois.

J'ai recouvré mes sens au bout de quelques minutes, et nous avons repris le chemin de Barèges, au milieu des bénédictions de l'heureuse famille dont ma tante a comblé les vœux, en promettant à la femme du bonhomme Lézer d'être marraine de l'enfant qu'elle est au moment de mettre au jour.

C'est donc pour nous seuls, ô mon cher Anatole, que le ciel est injuste et la société inexorable. Je t'ai vu; comment ne t'aurais-je pas aimé, toi né dans ma famille, toi qu'une si fatale conformité de vœux, de sentimens, de pensées semblait unir à mon existence? Je t'aimais comme un ami, comme un frère, d'une tendresse innocente et pure, quand un nouvel amour, une passion funeste, invincible, est venu détruire le bonheur de notre vie; pourquoi le détruire? Notre amour est-il donc un crime? Dis-moi, Anatole, est-ce une loi de la nature ou une bizarre convention des hommes? Quels sont ces décrets inviolables que je frémis d'avoir violés et contre lesquels tout mon être se révolte? Mon esprit se perd dans la confusion de ses pensées, et j'ose accuser, à la fois, le ciel que j'outrage, et la société tout entière qui me condamne!

Dans ce chaos de mes devoirs, de mes vœux, de mes sentimens, je ne reconnais bien qu'une seule vérité, c'est que je ne puis, que je ne veux pas reculer devant ma destinée, et que j'ai fait un pacte avec mon amour, ma douleur et mon repentir. Non, l'auteur de mon être ne me livre pas à à un éternel désespoir; un jour viendra qu'ils seront brisés, ces liens d'une société barbare; nos ames se rejoindront dans un monde meilleur, et sous des cieux plus indulgens : Anatole et Cécile s'abandonneront sans crainte et sans remords à ce bonheur d'aimer, dont on leur fait un crime sur la terre

❀

LETTRE LXXVII.

CHARLES A ÉMILIE.

Aux Bruyères, 1787.

Chère Émilie, j'aurais voulu commencer ma lettre par vous remercier du bonheur que m'a procuré la vôtre; mais j'ai à vous rendre compte de la démarche que je viens de faire auprès de M. de Clénord, et vous jugerez de son importance par le soin que je prends de vous en instruire à l'insu d'Anatole, et de vous faire parvenir cette lettre sous le couvert de madame d'Houdetot, de manière que vous puissiez en dérober la connaissance à Cécile ; c'est déjà vous dire que le succès de cette démarche est loin d'avoir répondu à nos espérances.

Jeudi de la semaine dernière, j'ai reçu une lettre de madame votre sœur qui m'invitait à me rendre sans délai à Beauvoir, d'où son mari devait être absent pendant quelques jours. Je suis parti, deux heures après, des Bruyères, où j'étais venu la veille installer notre malheureux ami. Dans l'état d'exaltation où il se trouve, je n'avais pas cru devoir le prévenir du message que j'avais reçu.

Je ne vous cacherai pas, ma chère Émilie, que la première chose qui m'ait frappée dans cette entrevue, c'est le changement extrême de madame de Clénord, résultat trop visible des progrès de la maladie dont elle est atteinte depuis deux ou trois ans, et à laquelle son médecin, pour ne point l'effrayer, a cru devoir donner un nom moins alarmant.

Madame de Clénord, qui ne pouvait douter que je fusse instruit du secret des amours de Cécile et d'Anatole, m'avoua qu'elle avait consulté son directeur, et que celui-ci avait levé en partie les scrupules religieux qui s'opposaient dans son ame au mariage de son frère avec sa fille; mais il restait à vaincre un obstacle qu'on regardait comme insurmontable, celui que son époux ne manquerait pas d'opposer à l'hymen de sa fille avec tout autre que le comte de Montford, à qui sa parole est donnée, et dont l'alliance comble les vœux de son ambition : « Ce qui me fait désespérer, ajouta-t-elle, que nous puissions jamais obtenir son consentement, c'est la vieille inimitié qu'il a pour mon frère; elle m'est trop bien connue, dit madame de Clénord, pour me permettre de porter sur un pareil sujet les premières paroles, et c'est à l'ami d'Anatole que j'ai voulu confier une mission si délicate. » Je m'en chargeai avec d'autant plus de plaisir, que j'avais une chance de plus pour la faire réussir : nous convînmes du jour où je reviendrais à Beauvoir.

Je me fis annoncer la veille à M. de Clénord, qui me reçut dans son cabinet avec une politesse toute diplomatique. J'abordai la question avec toute l'adresse et tous les ménagemens dont je suis capable, et je terminai, sans lui donner le temps de m'interrompre, par lui demander la main de sa fille pour son beau-frère. Il y a dans la contenance de l'homme le plus maître de lui, je ne sais quel langage de la nature plus expressif que la parole. M. de Clénord n'avait pas encore ouvert la bouche que j'aurais pu répondre d'avance à chacune des objections que me révélait sa physionomie en apparence immobile. Je passe sous silence toutes celles qu'il tira « des liens étroits du sang, de la qualité d'oncle et de la différence d'âge qui donnaient, disait-il, tout le caractère de la plus révoltante séduction au sentiment que M. de Césane avait inspiré à sa nièce, si l'on était obligé d'en croire un tiers sur une accusation de cette gravité. » Je répondis sur ce point, comme j'en étais convenu avec madame de Clénord, que cette passion avait été combattue par mon ami avec un courage presque sans exemple, qu'elle avait été révélée par Cécile elle-même au moment où l'on désespérait de sa vie, et qu'aujourd'hui le refus de son père la conduirait infailliblement au tombeau. « Qu'elle se prépare donc à y descendre, répondit-il avec un sang-froid barbare; car j'ai donné au comte sa parole et la mienne, et je ne pourrais y manquer qu'en affichant le déshonneur de ma famille. — Mais, Monsieur, lui répondis-je, M. de Montford a été témoin de la répugnance de mademoiselle de Clénord pour un mariage sur lequel on n'a point consulté son inclination. — L'inclination d'une fille de seize ans doit-elle être autre chose que la volonté de ses parens?— J'ai quelque raison de croire que madame de Clénord est d'un autre avis. — Madame de Clénord ne s'en est jamais expliquée avec moi, et je dois supposer du moins que, dans ses principes, elle recevrait avec plus d'indignation que moi-même la proposition d'unir sa fille avec son frère; quant à moi, Monsieur, je ne crains pas d'être taxé par vous d'injustice et de tyrannie, en persistant dans la volonté d'unir ma fille unique avec un homme jeune, aimable, de la plus haute naissance, et qui apporte pour dot à Cécile une immense fortune, et l'espérance de deux duchés en France et en Angleterre, dont il est héritier. »

Nous étions arrivés à cette grande

considération des titres et de la dot où gît en effet toute la difficulté. Pour la résoudre, j'essayai d'abord de lui prouver que le droit prétendu de la maison française de Montford au duché de ce nom en Angleterre n'était qu'une prétention que la chancellerie de ce royaume avait constamment repoussée.

Je déployai toutes mes connaissances héraldiques dans l'examen de l'écusson de cette famille, où j'avais observé dans la branche transversale un signe de bâtardise qui n'existait pas dans les armes anglaises de cette maison. Cette remarque fit sourire dédaigneusement M. de Clénord. « Il est vrai, me dit-il (d'un ton de suffisance dont je me serais beaucoup amusé dans un autre moment), que la légitimité des Montford a reçu au treizième siècle une auguste atteinte; mais j'avais toujours cru qu'un roi de plus ne gâtait rien dans une famille, de quelque manière qu'il s'y présentât.

Je me gardai bien d'approfondir une pareille discussion, et j'en vins à l'article de la fortune, non moins important aux yeux d'un financier anobli. « M. de Montford, lui dis-je, attend de grands biens de la succession de son père, mais ce père vit encore, et l'on croit assez généralement qu'il a perdu beaucoup dans la banqueroute du prince de Guémenée; le comte lui-même a des dettes, et dans l'état où sont aujourd'hui ses affaires, je crois fermement que la fortune de Césane augmentée par moi d'une cinquantaine de mille livres de rente, serait au moins égale à la sienne. » Autre sourire de dédain de M. de Clénord, dont il me donna l'explication, en m'apprenant que la fortune de son gendre futur, bien et duement constatée pardevant notaire, se montait, indépendamment de toute succession, à trois cent vingt-cinq mille livres de rente.

Je vous fais grâce, ma chère Émilie, de la suite d'un entretien où votre beau-frère déploya un caractère tellement odieux, que je ne fus pas le maître de réprimer l'expression du mépris que m'inspirait tant d'égoïsme et d'insensibilité. Cet homme est sans esprit et sans ame; il m'échappa de lui dire qu'il était un père dénaturé et qu'il rendrait compte un jour de la charge sacrée que lui avait confiée la nature; il balbutia, il changea de couleur, le sang qui lui monta d'abord à la figure, retourna subitement vers son cœur, et son cœur insensible le repoussa sur son visage. Il faut abandonner tout espoir de le ramener à des sentimens plus humains, et malheureusement dans cette circonstance il aura pour lui les lois, les mœurs telles que les préjugés nous les ont faites, et la société tout entière.

Laissons ignorer à Cécile et à Anatole une circonstance qui achèverait de porter le désespoir dans leur ame, et attendons tout du hasard qui met aussi souvent en défaut nos craintes que nos espérances.

Après vous avoir si péniblement entretenue des tourmens de l'amitié, comment vous exprimer les vœux de l'amour ? Votre lettre m'a rendu le plus heureux des hommes, mais Anatole en est le plus infortuné.

FIN DU TROISIÈME VOLUME.

TABLE

DES LETTRES

CONTENUES DANS CE VOLUME.

Pages.

IMPRIMERIE DE J. TASTU.

www.ingramcontent.com/pod-product-compliance
Lightning Source LLC
LaVergne TN
LVHW010559110826
845149LV00003B/706

* 9 7 8 2 0 1 2 1 5 2 4 9 6 *